Einaudi Tasc

Dello stesso autore nel catalogo Einaudi

Almost Blue
L'isola dell'angelo caduto
Mistero in blu
Guernica
Un giorno dopo l'altro
Lupo mannaro
Laura di Rimini

Carlo Lucarelli
Il giorno del lupo

Una storia dell'ispettore Coliandro

Einaudi

© 1998 Giulio Einaudi editore s.p.a., Torino

www.einaudi.it

ISBN 88-06-14861-3

Il giorno del lupo

Quando partí la prima raffica, inquadrato nella V metallica del mirino dell'Uzi c'era Rocco Carnevale, fermo davanti al bar sotto il portico, la tazzina del caffè in mano. Saltò all'indietro, lanciando in aria il piattino bianco col bollo rosso della Segafredo che Matteo Parisi, in piedi accanto a lui, seguí istintivamente con gli occhi, un attimo prima di piegare violentemente la testa di lato, su una spalla, col mento troncato di netto da un calibro nove a punta morbida. La terza raffica, che gonfiò di bossoli roventi il sacchetto di plastica attaccato all'otturatore del mitra, prese Romano Del Bianco all'altezza della vita e lo spinse in una piroetta rapidissima che lo lanciò dentro la porta del bar, attraverso le strisce verdi di plastica unta.

Poi la canna corta dell'Uzi tornò dentro il finestrino, l'auto sterzò bruscamente verso destra, facendo stridere le gomme, attraversò i viali col rosso e sparí in un rombo strozzato, fuori giri, oltre il ponte di San Donato.

Capitolo 1.

Primo: io di fatture non ci capisco un cazzo.
Vabbè che ho fatto ragioneria, ma sono passato
con trentasei e all'esame ho copiato da Bresciani,
che stava nel banco davanti. E mi hanno pure beccato, merda.

Secondo: questo schifo di lavoro come respon-
sabile dello spaccio della polizia io lo odio, con tutto il cuore. Sono un poliziotto, minchia, ho sette
anni di servizio sulle spalle e con tutto quello che
succede in giro, sparatorie per le strade, rapinatori che ammazzano, Bologna che sembra Sarajevo...
dovrei stare alla Mobile, sulle volanti del Controllo
del territorio, alla Narcotici, cristo, e invece passo tutto il giorno tra inventari e bolle di accompagnamento, come un salumiere. Mi sembra di lavorare alla COOP, altro che in Questura.

Vabbè, minchia, d'accordo... L'anno scorso ho
fatto una cazzata e quello stronzo del Questore,
che mi odia, perché lo so che mi odia, lo stronzo,
mi ha fatto trasferire allo spaccio per punizione e
visto che il Questore è Questore e io sono soltanto un povero cristo di sovrintendente, mi tocca stare compresso, muto e rassegnato.

Quando un uomo col fucile incontra un uomo
con la pistola, l'uomo con la pistola è un uomo
morto, come diceva Clint Eastwood in *Per un pu-*

gno di dollari, bestiale. Lo stronzo ha il fucile, io
la pistola. Io sono l'uomo morto. E sto allo spaccio, merda.

Penso a questo mentre mi arrotolo in tasca il
pacco di fatture che ho portato alla firma in amministrazione – perché da quando ho ordinato per
sbaglio diecimila vasetti di yogurt ai mirtilli c'è
un ispettore apposta che mi ricontrolla tutti i conti – e sono cosí incazzato che non me la sento di
fare la fila per l'ascensore. Cosí scendo per le scale, mi incasino con le porte, svolto a sinistra e, come al solito, invece di uscire mi ritrovo alla Mobile.

Allora, già che ci sono faccio un giro per il corridoio, scivolando tra i gruppetti di gente appoggiata alle pareti color crema, perché il corridoio
della Mobile è cosí stretto che sembra un budello.
Non conosco piú nessuno e c'è pure un agente giovane che mi guarda con aria interrogativa, come
per chiedermi cosa voglio ma io gli passo davanti
deciso e mi infilo in un ufficio, l'ultimo a destra.
Sperando che ci sia ancora Trombetti e non un
funzionario, magari il dottor Corbella, che dirige
il servizio e mi odia quasi piú del Questore. Culo,
c'è ancora Trombetti.

– Ohè, Coliandro... e tu cosa ci fai qui? Non sei
alla... dove sei adesso?

– Spaccio, – ringhio, e lui fa una smorfia sorpresa.

– Alla Narcotici?

Sí, cazzo, la Narcotici... Lí per lí mi chiedo se
mi sta prendendo per il culo, ma poi mi ricordo
che Trombetti ha il quoziente di intelligenza piú
basso di tutta la Questura di Bologna, cosí mi
stringo nelle spalle e non dico niente. Lui si spor-

ge oltre la scrivania a cui è seduto e mi prende la
mano, scuotendola.

– Complimenti e ben tornato... fa piacere vedere un volto conosciuto da queste parti. Negli ultimi tempi c'è stato un promuovi e rimuovi da paura, qui dentro. Da vicecommissario in giú hanno
spedito via quasi tutti... fattelo raccontare da Marani, se hai voglia di andare fino a Taranto. To',
guarda. A noi dell'Antirapine ci tocca questo...

Raccoglie un pacco di fotografie in bianco e nero sparse sul piano della scrivania e me lo porge,
poi fa un cenno rapido a qualcuno che è compar-
so sulla porta e che non ho fatto in tempo a vedere.

– Arrivo, arrivo... – e poi a me: – Scusa un momento... – e poi di nuovo: – Arrivo, arrivo... – ed
esce dall'ufficio lasciandomi da solo, le foto in mano e la testa che mi gira.

Guardo le fotografie. Sono i fotogrammi di una
rapina in banca, ripresi dalle telecamere a circuito
chiuso dell'impianto di sicurezza, e cosí in se-
quenza, con l'orario stampato in un angolo, sembrano davvero un film in bianco e nero, inquadrato dall'alto. Ore 16,21 minuti e 4 secondi: tre
tizi con il volto coperto nell'atrio della banca che
puntano le pistole sui clienti e sul cassiere che sta
dietro il vetro di sicurezza. Ore 16,21 minuti e 57
secondi: uno dei tre rapinatori ha messo la pistola
in bocca a una cliente e il cassiere sta aprendo la
porta blindata degli uffici per far passare gli altri
due. Ore 16,22 minuti e 10 secondi: c'è anche un
altro cassiere con le mani in alto e una pistola alla
tempia, mentre il primo, in ginocchio sul pavimento, sta aprendo la cassaforte... Se ero in lui col
cazzo che lo facevo, tanto si sa che non sparano

mai. E invece no, minchia... Ore 16,22 minuti e
15 secondi: uno dei banditi sta sparando al primo
cassiere che piega la testa cosí velocemente da sembrare sfocato, mentre il secondo è scomparso dietro una nebbia scura che ha schizzato il vetro di
sicurezza alle sue spalle e che ha tutta l'aria di essere sangue... il suo. Merda. Lascio cadere le fotografie sulla scrivania e tiro su col naso, perché
non è che vedere il sangue mi faccia impressione,
cazzo, no... sono un poliziotto con sette anni di
servizio, ci mancherebbe... ma è che probabilmente, in mensa, ho mangiato qualcosa che mi ha
fatto male e ho bisogno di un po' d'aria.

Apro la finestra, mi allento la cravatta e metto
la testa fuori, aspirando lo scappamento di un au-
tobus che attraversa la piazza in quel momento.
Mi sto chiedendo che cazzo ci faccio ancora in
quell'ufficio quando due colpi secchi alla porta mi
fanno rientrare la testa tra le spalle, come uno
struzzo.

– È permesso? Vorrei chiedere un'informazione...

La riconosco subito, anche se è passato piú di
un anno e sembra molto diversa. Porta ancora gli
anfibi ed è sempre strana, con un fazzoletto nero
legato sulla testa che le copre quasi completamente i capelli tranne una ciocca liscia sulla nuca
rasata, un mucchio di orecchini e un giubbotto fo-
sforescente, aperto, con su scritto Pony da una
parte e Express dall'altra. Ma almeno non ha piú
le calze a rete con i buchi, da troia, come quando
l'ho conosciuta. Ha una radiolina alla cintura e in
mano un casco rosso con una busta dentro e anche lei mi riconosce subito, perché fa una faccia...
non so neanch'io come definirla. Piega le labbra

un po' all'ingiú e si guarda attorno con la coda
dell'occhio, rapida, come se volesse scappare, poi
deglutisce e sorride. Un sorriso un po' storto,
vabbè... ma che vuol dire? È la sorpresa, ovvio...

– Guarda chi c'è... – mormora. – Era un pezzo
che non ci vedevamo, vero?

– Già, – dico io, di slancio, poi mi trattengo.
Appoggio la schiena alla finestra, incrociando le
braccia sul petto. – Colpa mia, – sospiro, – volevo telefonarti ma sai... gli impegni, il lavoro... –
indico l'ufficio di Trombetti con un cenno del
mento e intanto mi ricordo che invece ho sempre
lasciato il mio nome a sua madre tutte le volte che
l'ho chiamata e non c'era mai...

– Come stai, Simona? – chiedo in fretta, per
cambiare discorso. – Sei sempre tu...

Lei si stringe nelle spalle, con una smorfia che
le arriccia il labbro di sotto, e piega appena la testa su una spalla. Carina, Simona, sempre uguale... belle gambe, slanciate nonostante quei cazzo
di scarponi, bella bocca, bel culo sotto l'orlo del
giubbotto... sempre scarsa di tette, però.

Lo ziiiip isterico della lampo del suo giubbotto
che si chiude mi fa capire che, come al solito, anche questa volta mi ha beccato che la guardo lí,
merda. Divento rosso come un semaforo sui viali
quando hai fretta.

– Anche tu sei sempre uguale, – dice lei, un
po' dura, – continui a mettere le cravatte chiare
sulle camicie scure e porti la giacca piú stretta
per far vedere la pistola sotto l'ascella. E non
chiamarmi Simona, chiamami Nikita, come tutti. Ho bisogno di un'informazione. Cerco un poliziotto che conosco. Si chiama... – prende la busta dal casco e la rigira, leggendo in un angolo,

– Marani. Assistente Marani Alfredo, Squadra Mobile...

– Niente Marani, – dico io. – Trasferito a Taranto. Se posso esserti...

Mi fermo, perché Simona... cioè, Nikita, ha alzato gli occhi e mi sta fissando con un'espressione cosí disperata che mi fa quasi paura.

– Che c'è? – dico. – Che ti succede?

Lei si morde il labbro di sotto, scuotendo la testa. Soffia, gonfiando le guance in una smorfia seccata.

– No, è che è una cosa particolare... cioè, dovevo dirla proprio a lui perché... cazzo, è un casino, davvero...

– E dilla a me... ci penso io –. Allargo le braccia e sorrido, paterno. Le metto una mano su una spalla e annuisco, anche, come John Wayne in *Ispettore Brannigan la morte segue la tua ombra*, bestiale. – Puoi fidarti, – aggiungo, – dopo tutto quello che c'è stato tra noi...

Lei sfila la spalla da sotto la mia mano e fa un passo indietro.

– No, aspetta un momento... non so come l'hai vista tu, ma tra noi non c'è stato proprio niente. È stata una cosa... cosí e avevamo detto che saremmo rimasti amici, amici e basta.

– Certo, come no... amici, amici e basta, quello che intendevo io. E tra amici ci si aiuta, no?

– Ecco, questa è una faccenda delicata e tu... non mi vengono le parole, ho paura che ti incazzi se ti dico perché non te lo voglio dire...

– Dillo... non c'è problema.

– Davvero non ti incazzi?

– Non mi incazzo, no.

– Giuri?

– Giuro.

– Ecco... non è che abbia una gran fiducia in te come poliziotto.

Mi incazzo come una pantera, invece. Sento la rabbia che mi viene su dallo stomaco e mi fa stringere i denti con uno scricchiolio che mi rimbomba nel cervello... ma non lo faccio vedere. Almeno credo, perché Nikita ha fatto un altro passo indietro e si tiene il casco stretto sul petto, come uno scudo.

– Ok, – dico, – non c'è problema. Prendi il treno e vai fino a Taranto da Marani, visto che ti fidi soltanto di lui...

Torno alla finestra, voltandole la schiena. Ringhio: – Ciao, – ma lei non risponde. La sento che si muove, indecisa, alle mie spalle.

– Ecco... non è poi che lo conoscessi proprio questo Marani... – mormora, – lo conosce il mio raga... cioè, un mio amico. E poi, cazzo... se stai qui anche tu, vorrà dire che conti qualcosa, no? È un ufficio della Squadra Mobile, questo, no?

Mi volto, senza dire niente. In effetti, questo è un ufficio della Squadra Mobile. Solo che non è il mio.

Nikita si avvicina, appoggia il casco alla scrivania e mi fa vedere la busta che tiene stretta in mano, cosí stretta che l'ha tutta stropicciata sui bordi. Io spero che Trombetti non ritorni proprio adesso perché, a parte la figura di merda che mi farebbe fare, comincio davvero a essere curioso.

– Allora, – spiega Nikita, – come lavoro, adesso, consegno pacchi per una ditta di pony e l'altro giorno sono andata sotto una macchina col motorino...

– E dài Nikita... – sospiro, alzando gli occhi al

soffitto, – tutti questi misteri per un incidente!
Cos'eri, senza assicurazione?

Mi lancia uno sguardo cosí duro che mi fa venire i brividi e tiro indietro la testa con la netta sensazione che potrebbe darmi un morso.

– Consegno pacchi per una ditta di pony, – ri-
comincia, gelida, – e l'altro giorno sono andata sotto una macchina. Mentre passavo sotto un portico uno sfigato è uscito da una strada laterale senza guardare e mi ha toccato la ruota di dietro...

– Andavi sotto il portico col motorino? – chiedo, e di nuovo il suo sguardo mi blocca.

– E chi sei, un vigile? Lasciamo perdere come
è successo, questo non c'entra... comunque, io
scivolo e non mi faccio niente, solo uno sbuccio-
ne su un braccio, però i pacchi mi volano via tutti in mezzo alla strada e uno si sbraca da una parte. Io me lo metto sotto il giubbotto perché non
si apra del tutto, continuo il giro e quando torno
a casa mi accorgo che ce l'ho ancora lí e mi sono
dimenticata di consegnarlo. Può succedere, cazzo, ero sconvolta per quello stronzo della macchina...

Non dico niente. Mi stringo nelle spalle e ascolto, pazientemente.

– A casa lo tiro fuori e sto pensando a come dirlo alla ditta senza andare nei casini quando il pacco si sbraca del tutto e mi si apre in corridoio. Dentro c'erano questi...

Fruga nella busta e mi porge prima una cassetta Sony, senza etichetta, e poi un dischetto nero,
di quelli da computer. Lo tiene tra le dita come se
scottasse e anch'io lo prendo per un angolo, tra
l'indice e il pollice.

– Vabbè, – dico. – E allora?

– Allora aspetta… non è tutto. Nel pacco c'erano anche questi.

Apre la busta e me la mette sotto il naso. È pie-
na di foglietti, divisi in blocchi e legati con elasti-
ci di colori diversi. Sono quelli che, sul momento,
mi distraggono e mi ci vuole qualche secondo per
rendermi conto che non sono foglietti.

– Ti risparmio la fatica di contarli, – dice Nikita. – Sono quasi duecento milioni.

Questura di Bologna. Ufficio Controllo del Territorio.
Relazione di servizio n. 1234

Il sottoscritto assistente Alfano Nicola, capo equipaggiamento della volante 3, unitamente all'agente De Zan Michele, riferisce che alle ore 03: 15 del 18.04.1994, come richiesto dal Centro Operativo, si recava in via Viadagola 1546 dove rinveniva i resti carbonizzati di una Fiat Uno con targa illeggibile in quanto, per l'appunto, carbonizzata. Avvicinatosi all'autovettura, l'agente De Zan notava che il baule della Uno era parzialmente aperto e lasciava intravedere al suo interno un oggetto ricurvo di difficile identificazione. A questo punto, l'agente De Zan abbandonava il luogo a causa di un improvviso malore mentre il sottoscritto procedeva all'identificazione di un braccio umano appartenente a un cadavere incaprettato e completamente carbonizzato. [...]

Capitolo II.

– Non ho capito perché non potevamo usare il terminale del tuo ufficio...

– Perché... perché... perché è rotto. E poi questo va meglio.

Il fatto è che non so neanche come cazzo si fa ad accenderlo, il computer di Trombetti. Io conosco solo quello dell'Ufficio passaporti, dove ho lavorato per un pezzo e ho cancellato un sacco di cose che quando lo scopriranno, santa madonna... e conosco quello dello spaccio, perché siamo io e l'agente Gargiulo che ci mettiamo dentro le fatture, le bollette e tutte quelle altre puttanate che mi stanno facendo venire i capelli bianchi. Mai capito una sega di queste macchine, lo ammetto. Io so solo che si spinge dietro, si aspetta, poi si mette la freccina lassú, si schiaccia il pulsante del mouse e di solito viene fuori una finestrella bianca che ti dice tutto quello che devi fare. Di solito... perché a volte c'è un casino e lo schermo rimane tutto nero e allora io spengo tutto e aspetto che venga Gargiulo ad accenderlo per i cazzi suoi, cosí do la colpa a lui e gli faccio un cazziatone. Ma lí, nell'Ufficio amministrazione dello spaccio, con Nikita che fissa lo schermo illuminato, non posso fare altro che aspettare, trattenendo il respiro, e sperare che funzioni.

– Adesso arriva, – mormoro, – però non vorrei che Gargiulo avesse pasticciato con il computer, perché se no...

Culo, ecco la finestrella.

– In che ambiente lavorate, di solito? – mi chiede Nikita, appoggiandosi col braccio alla mia spalla, per avvicinarsi ancora di piú allo schermo.

– Come questo... – dico io, indicando i fogli e i faldoni di cartone che coprono i tavoli della stanza, – ambienti chiusi e pieni di polvere...

Lei mi spinge la testa, leggermente, con il gomito.

– Dài, scemo... non scherzare. Col computer, dico... Ah, è Windows, benissimo. Dài, metti il dischetto.

Metto il dischetto e faccio clic con la freccina sulla casella A. Nikita si piega su di me e sento il suo odore un po' aspro sotto quello freddo del giubbotto. Sento anche la curva del suo seno su una spalla e mi devo muovere sulla sedia mentre cerco di mettermi una mano in tasca per sistemarmi sotto i calzoni. Lei non se ne accorge, tutta presa dallo schermo su cui cominciano a comparire le prime righe scritte. Sembra uno scherzo, perché faccio appena in tempo a vedere una mezza pagina di teschietti bianchi che succede qualcosa di strano. Il primo teschietto di destra si stacca dalla riga e scivola giú lungo lo schermo, rimbalzando sul fondo, poi torna su e colpisce gli altri teschietti, incasinando tutto. Sembra un giochino e fa anche una musichetta ridicola, come quella delle sale giochi.

– Guarda, Nikita... guarda che carino, – dico, ma lei sbarra gli occhi e comincia a urlare.

– Un virus! Spegni! Spegni tutto, cazzo, sbrigati!

Spengo di corsa, sbattendo le nocche della mano sul bordo del tavolo con un toc che rimbomba sinistro sul ronzio calante del computer. Merda, un virus! E se si è attaccato anche alle cose dell'amministrazione? Sento i brividi che mi salgono su per la schiena e prima che Nikita riesca a fermarmi riaccendo il computer. Sullo schermo torna la pagina di prima, con la musichina e la pioggia di teschietti bianchi che continua a cadere e questa volta è Nikita a chinarsi sulla scrivania e a spegnere tutto.

– Se lo accendi è peggio, cazzo... – dice, mentre sfila il dischetto dal computer e se lo infila nella tasca del giubbotto. Io sono ancora stordito e faccio fatica a pensare. Se chiudo gli occhi vedo le palpebre foderate di teschietti bianchi che ridono. Merda, un virus... se mi ha incasinato le fatture sono morto, cazzo, morto...

– Un disco protetto... – sta dicendo Nikita e intanto si morde l'interno della guancia, come fa sempre quando pensa. – Che ci sia qualcosa di importante è ovvio, con tutti quei soldi, ma... Cristo, non ho fatto in tempo a leggere. Ci vorrebbe Ivan...

– E chi è, Ivan? Quello che ti ha dato il pacco?

– 'a-'o... – dice mangiandosi la guancia, ma io capisco lo stesso. – Ma no... te l'ho detto come è andata. Chiamano una zona sulla radio e io dico Gatto Gatto...

– Gatto Gatto?

– È il mio codice di riconoscimento... vuol dire che ho ricevuto, che sono in zona e posso fare la consegna. Cosí vado sul posto che mi indicano e già dovevo immaginarlo che c'era qualcosa di strano, perché invece di una ditta c'è un palazzo qua-

lunque e il tizio è già sulla strada che mi aspetta,
la busta in mano. Un ragazzo tutto brufoli, con la
faccia da sfigato...

Mi stringo nelle spalle. – Un indirizzo falso, si-
curamente... Senti, piuttosto... secondo te il virus
del dischetto si è attaccato a tutto il computer?

Ho ancora quella marcetta stronza nelle orecchie e i brividi sulla schiena, ma Nikita non mi
ascolta. Corruga sempre di piú la fronte e si spinge con un dito la guancia contro i denti, come se
volesse farci un buco.

– E nella cassetta cosa c'è? – chiedo. Lei fruga
nella tasca del giubbotto e tira fuori la Sony senza etichetta. Si guarda attorno, poi vede lo stereo
di Gargiulo, un baraccone nero piantato in cima a
una pila di fatture.

– Questo ha fatto la guerra... – mormora, schiacciando sui tasti per cercare di aprirlo, – cos'è, lo
avete comprato dai marocchini?

No, glielo abbiamo sequestrato... ma non preciso. Penso sempre ai teschietti, merda.

– Ecco, ecco... senti.

Dalle casse dello stereo esce un mormorio velo-
ce, tutto di naso e masticato: namiorenghienchiò
namiorenghienchiò namiorenghienchiò... sembrano cinesi che cantano.

– Questo non c'entra... è Massimo che si è sbagliato e ci ha registrato sopra una cosa sua...

Massimo? E chi cazzo...

– Ecco! È qui!

Sento un cirlicip acuto, come quello delle radio
che abbiamo sulle volanti... ed è proprio una volante, perché c'è una voce che gracchia Siena-Mon-
za 51...

– È un'auto della Mobile... – dico io, ma Nikita mi fa segno di stare zitto. La voce della Centrale operativa si tronca all'improvviso sotto un'altra scarica di namiorenghienchiò, che si interrompe subito. Un fruscio sottile, intenso, poi due voci chiare, con l'accento meridionale: – Peppino di Capri. – E vaffanculo, lo dici cosí? – Vabbè, tanto... chi cazzo vuoi che ci senta?

Ricominciano i cinesi e Nikita spegne il registratore, tirando fuori la cassetta. Mi guarda interrogativa e io anche. Non ho capito una sega.

– A parte la cassetta... – mormora Nikita, parlando con se stessa, e intanto fissa cosí intensamente un punto sulla mia camicia che mi viene da guardarci anch'io, – il floppy protetto e i soldi mi fanno venire in mente qualcuno che vuol fregare il fisco. E sono anche andata a vedere chi è il destinatario, ma è una villa sui colli, sempre chiusa... per questo sono venuta da voi, che magari potete sapere qualcosa di piú...

– E dov'è questa villa sui colli?

Nikita apre metà bocca e sta per parlare quando un coglione di agente che mi sembra si chiami Pinelli entra con uno scatolone in mano e sopra, incastrate sotto il mento, un pacco di bolle d'accompagnamento.

– L'ha rifatto, sovrintendente... – dice prima che riesca a fermarlo, – ha ordinato di nuovo lo yogurt per sbaglio, ma questa volta sono alla banana e sono solo mille e cinquecento. Di sotto c'è il resto e dice il dirigente che se non trova il modo di imboscarli glieli mette tutti qui, nel suo ufficio...

Merda. Non ho neanche il tempo di dirlo, solo di pensarlo, perché Nikita prima mi fulmina con uno sguardo che mi ghiaccia sulle labbra il sorrisi-

no idiota che sto per fare, poi scatta in avanti, afferra la busta con dentro i soldi e con una specie di
ringhio rabbioso schizza fuori dalla porta dell'ufficio. Quando riesco ad alzarmi dalla sedia e ad arrivare sullo scalone, lei deve essere già fuori dalla
caserma, perché non la vedo piú. E dal momento
che è entrata assieme a me, la guardia deve averla
lasciata uscire senza tante storie, per cui col cazzo
che la prendo piú.
    – Ho interrotto qualcosa? – mormora Pinelli ap-
pena ritorno in ufficio e dato che mi guarda imbarazzato e sorride, il coglione, lascio che pensi
quello che pensa e mi stringo nelle spalle.
    – Capricci da donne, – dico, – quando hanno le
loro cose non ci si ragiona.
    – È vero, – dice lui. – Comunque, era molto ca-
rina, sovrintendente... complimenti.
    – Sí, – annuisco io, con una smorfia indifferen-
te, – scopabile, sí. Fuori dalle palle, adesso, che
devo lavorare.
    Guardo lo scatolone di yogurt e mi si drizzano i
capelli. Il pacco, i soldi, il dischetto, i cinesi che
cantano, Peppino di Capri... non ho capito una sega di quello che è successo ma non importa, appena avrò tempo chiamerò Nikita e mi farò raccontare il resto, a costo di prenderla a calci nel culo da
qui a Casalecchio. Intanto, ho un problema piú grave da risolvere e me ne rendo conto appena accendo il computer per vedere dove posso imboscare lo
yogurt. Quei cazzo di teschietti mi riempiono immediatamente lo schermo e non riesco neppure piú
a muovere la freccina del mouse. Cosí spengo tutto, mi siedo il piú lontano possibile dal computer e
faccio finta di controllare un pacco di fatture,
aspettando.

Questa volta, a Gargiulo, gli faccio un culo grande come una capanna.

«Sabato Sera – Settimanale del Comprensorio Imolese»
SANGUE IN AUTOSTRADA
(Servizio di Carlo Lucarelli alle pp. 21-22)

Castel San Pietro. – Gli ho fatto lo scontrino per tre camogli e tre birre in lattina e poi l'ho sentito che litigava col barista perché i panini non erano caldi. Era un cliente come tanti, senza niente di speciale, davvero –. All'autogrill dell'area di servizio Sillaro, direzione Imola-Bologna, le testimonianze concordano: Pietro Giaccalone, 42 anni, originario di Catania, era un tipo comune, senza nulla di speciale. Allora perché è successo quello che è successo?

– Si è avvicinato a una macchina che stava ferma accanto alla cabina del telefono. C'era un altro uomo dentro, con la radio accesa, alta... e siccome stavo telefonando gli ho chiesto di abbassarla ma lui mi ha fatto un gestaccio, cosí... – Il secondo testimone, che preferisce non dire il proprio nome, mette la mano sull'incavo del gomito, piegando il braccio. Un gesto notato anche dalla moglie, seduta sul muretto davanti all'autogrill:

– Mi ricordo che stavo pensando: ma guarda che razza di maleducato, quando mi è passato davanti quel tipo, quello col cappotto marrone. L'ho notato perché un cappotto, di questa stagione... e poi mi si era messo proprio davanti, tra me e la macchina di quei due ignoranti...

Neppure il terzo testimone vuole lasciare le proprie generalità. Visibilmente scosso, parla in fretta prima di allontanarsi con un funzionario di polizia. – No, io non mi ero accorto di nulla e mi ci sarei trovato in mezzo se non fosse stato per Enrico che ha detto: papà, ma quello non è un fucile? Infatti, c'era uno col cappotto, un tipo alto, naso a becco e una gran coda di capelli, che aveva in mano un fucile a pompa. Non faccio in tempo ad alzare la testa che BUM-BUM!, due botte sul parabrezza della macchina davanti. Sono scoppiati tutti i vetri e uno dei due che stava dentro è volato mezzo fuori dal finestrino aperto... madonna che impressione! Non mi ci faccia pensare...

Giaccalone era noto alle forze dell'ordine per numerosi precedenti specifici relativi al traffico di stupefacenti. L'altro uomo, Arturo Lanfranco, 33 anni, di Bologna, risulta invece incensurato. Gli inquirenti non ritengono invece degna di considerazione la dichiarazione di Enrico, il figlio undicenne dell'ultimo testimone, che dice di aver visto un terzo uomo che sostava nei pressi della macchina colpita, salire di corsa su un TIR fermo nell'area di parcheggio e partire immediatamente. [...]

Capitolo III.

Mattina di merda, giornata di merda. È quasi un quarto d'ora che sto a guardare una cotoletta gialla e spessa che ormai deve essere diventata fredda come il tavolone di formica azzurra a cui sono seduto, in mensa. Mi sta sulle palle tutto, anche le voci dei colleghi che mi siedono accanto, appena smontati dal turno della volante, che parlano, parlano, cazzo, parlano... Mi sento qualcosa dentro, qualcosa di bruciacchiato e accartocciato, fermo tra lo stomaco e il cuore. Saranno le penne al burro che ho mandato giú a fatica?

Rigiro la cotoletta e anche lei è dura e bruciata ai bordi come quella cosa che mi sento dentro. Mi ha dato fastidio rivedere Nikita... Simona. Mi ha fatto... cioè, mi ha ricordato... Merda, non lo so cosa mi ha fatto. So solo che mi girano le palle.

Dopo che è scappata, naturalmente, ho provato a cercarla, ma un cazzo. Chiamo casa sua e la madre mi risponde che non c'è. È da Massimo, mi dice, e mi dà il numero. Massimo? E chi cazzo... vabbè, chiamo anche lui e mi risponde la segreteria telefonica di un tizio con la erre un po' moscia, da finocchio, che già mi sta sul culo. Non siamo in casa eccetera eccetera... lasciate un messaggio. Butto giú prima del bip e la cosa mi lascia, uno: curioso; due: curioso e anche un

po' incazzato. E chi è questo Massimo? Che
minchia c'entra con Nikita? Non siamo in casa...
non siamo chi? Cazzi suoi, mi dico, duro, perché anch'io ho i miei, a partire da quei mille e
cinquecento yogurt che non so dove imboscare.
E allora andate a cagare tutti quanti, compresa
Nikita e il suo finocchio, e non mi rompete le
palle a me.
   – Che c'è, Coliandro, non le va la cotoletta? Ma
come, lei lavora qui e non lo sa che il giovedí bisogna prendere la faraona?
   Vorrei mandarla a 'fanculo la collega che è seduta davanti a me, ma appena alzo la testa mi accorgo che è un ispettore che lavora nell'ufficio
del Questore. E a parte la solita storia dell'uomo
con la pistola e quello col fucile, per cui anche qui
l'uomo morto resto sempre io, questa è in gamba, per essere una donna. Mi salvò anche il culo,
un paio d'anni fa, quando ero in servizio di pattuglia su un'auto civetta e durante un allarme an-
tirapina attaccai male il lampeggiatore che alla
prima curva secca volò nella vetrina di una pro-
fumeria, merda. Cosí mi stringo nelle spalle e non
rispondo.
   – Forse ha litigato con la fidanzata... – dice una
collega in divisa, seduta di fianco a me, che non
guardo neanche ma sento dalla voce che sorride.
   – Impossibile... – dice l'ispettore, – Coliandro
è un single storico...
   – Invece no... Pinelli ha detto che l'ha visto in
ufficio con una ragazza e pure molto carina...
   – Davvero? Coliandro, cosí mi cade un mito...
Non sarà un poliziotto anche lei? Non faccia l'er-
rore di mettersi con una collega, come poi fanno
tutti... Guardi la Zeani. Torna da due giorni dal-

la licenza matrimoniale e la sbattono al Nucleo
Scorte. E sa con chi?

Non me ne frega un cazzo.

– Con Malerba, della Direzione Distrettuale
Antimafia, e con quello ciao... Parti senza preav-
viso e stai via dei giorni. Il marito aveva appunta-
mento con lei per pranzo, una settimana fa, lei gli
ha telefonato dicendo che faceva tardi e da allora
non l'ha ancora vista. Fortuna che è un poliziotto
pure lui e le capisce le cosiddette esigenze di servizio.

Discorsi da donne. Se la tipa se ne restava a casa a fare la moglie e lasciava il marito a lavorare,
questi problemi non c'erano neppure. Quello che
penso delle donne nella polizia, poi, non sto neanche a dirlo, soprattutto davanti a queste due che,
lo vedo benissimo, se ricominciano a prendermi in
mezzo mi spellano vivo, merda. Faccio finta di ta-
gliare la cotoletta, allora, tutto concentrato e intanto cerco di cambiare discorso, perché tutte le
volte che si parla di scorte salta fuori la storia di
quando al Palazzetto dello Sport c'è stato un po'
di casino dopo un concerto e io per sbaglio ho me-
nato Lucio Dalla.

– Orari a parte, – dico, – stare dietro a Malerba è anche un bel po' pericoloso...

Tosto, il giudice Malerba, un piemme giovane e
coi coglioni, anche. La mafia cerca di farlo fuori a
Catania con un cecchino appostato su un tetto ma
non ci riesce, allora lo trasferiscono a Bologna, per
sicurezza, ma lui non molla e si fa mettere proprio
alla DDA, nell'antimafia. Ho sempre in mente quella foto che c'era sul «Carlino», che me la ricordo
bene perché nella pagina dietro c'era la mortina di
papà in divisa, per il sesto anniversario di quando

saltò per aria con il suo giudice, a Palermo. Nella foto in prima pagina c'era Malerba seduto per terra, contro lo sportello della macchina blindata, e teneva in braccio l'agente che avevano ammazzato al posto suo e piangeva come una fontana, la bocca aperta e gli occhi chiusi... ma si vedeva che piangeva di rabbia e non di paura.

– Lei lo conosce bene il giudice Malerba? – mi chiede l'ispettore e io mi stringo nelle spalle, con una smorfia indifferente.

– Siamo cosí... – dico, alzando l'indice e il medio uniti assieme, anche se in realtà l'ho visto solo una volta, tanti anni fa, quando è venuto al funerale del povero babbo e mi ha stretto la mano. Sto per aggiungere qualcosa, tanto per dire, quando arriva una ragazzina col grembiule bianco e in testa una di quelle cuffiettine stronze da inserviente. Si avvicina ciabattando sugli zoccoli, con un clo clo fortissimo che riempie la mensa ormai vuota, e mi aspetto che venga a chiederci di andare via e invece no, c'è una telefonata per me. Una ragazza.

– Allora esiste davvero questa fidanzata... – dice l'agente in uniforme, toccandomi la spalla, e io le ringhio un sorriso forzato pensando: altro che ragazza, questo è quella testa di cazzo di Pinelli che mi prende per il culo. Se sono arrivati altri yogurt, giuro che coinvolgo pure lui nel disastro del virus.

– Allora, stronzone, – sibilo nella cornetta del telefono nelle cucine, – ti sei dimenticato che io sono sovrintendente e tu soltanto un agente semplice?

– Agente semplice un cazzo. Sono Nikita. Via del Passero numero 21, tra dieci minuti. Un secondo di piú e non mi trovi.

E riattacca, merda.

«Ancora una notizia di cronaca. Forse ha origini dolose l'incendio che ieri notte ha completamente distrutto la pizzeria Bella Napoli, nel quartiere Bolognina. Secondo le indicazioni dello stesso titolare della pizzeria le cause sarebbero invece da ricercare in un corto circuito provocato dalle cattive condizioni dell'impianto elettrico e non nelle due taniche di benzina rinvenute nel vicolo accanto alla porta del retro. Rimangono intanto gravissime le condizioni del cameriere tunisino che al momento dell'incendio stava dormendo nei locali della cucina [...]»

Capitolo IV.

Via del Passero è sui colli e ci metto piú di dieci minuti, anche se sotto il culo ho un GT turbo 16
valvole e modestamente con le macchine non sono Dio ma suo fratello piú piccolo. Dribblo le auto sui viali che sembro Maradona al Gran Premio
di Montecarlo e mi sporgo pure dal finestrino per
battere la paletta di servizio sul cofano di un coglione su una Punto ferma al semaforo. Ma quando mi infilo rombando sulla salita che porta al 21
sono in ritardo di un quarto d'ora e mi sa che Nikita me la sono persa. Invece c'è ancora ed esce in
mezzo alla strada da dietro un cassonetto, facendomi segno con le mani aperte di rallentare e fare
meno casino.

– Cristo, Coliandro! Vieni con la sirena la prossima volta, cosí ti si sente meno! Parcheggia e
scendi, dài.

Parcheggio e scendo, dài... anche se già le palle
mi girano vorticosamente, perché non mi va di
prendere ordini da una ragazzina come se fosse un
Vicequestore. Ma rimando l'incazzatura a dopo,
perché adesso mi interessa sapere cosa vuole e
poi... vabbè, sono contento di rivederla.

Nikita mi aspetta accanto al cassonetto a cui ha
appoggiato il motorino, sull'altro lato della strada.
Ha ancora il fazzoletto sulla testa, il giubbotto

Pony Express e quei cazzo di anfibi e si è rimessa anche le calze a rete con i buchi, che spuntano da una mini stretta e cortissima, appena due dita sotto il bordo del giubbotto.

– Smettila di guardarmi le gambe. Senti il piano... qui ci sono i soldi, il nastro e il dischetto... – abbassa la lampo, tirando fuori dal giubbotto la busta che le faceva due tette da Pamela Anderson, – e quello è l'indirizzo a cui avrei dovuto portarli due giorni fa –. Alza il mento e indica oltre la strada una villetta bianca e quadrata, al bordo di un prato verde chiuso da un cancello. C'è una targa bianca e rossa attaccata alle inferriate e non ho bisogno di dieci decimi di vista per leggere quello che c'è scritto dentro, a caratteri giganti, accanto al disegno di un cane che sembra Terminator Due, bestiale.

«ATTENZIONE: CANI ADDESTRATI ALLA DIFESA», leggo, a fior di labbra. – Bene, bene... e come pensi che facciamo a entrare?

Lei mi guarda, poi scuote la testa.

– Non hai capito un cazzo. Io entro, suonando il campanello come fanno tutti, e tu stai fuori ad aspettarmi. Voglio ridarla indietro questa roba qui e tanti saluti.

– Sei matta...

– No, sei matto tu! E io scema a venire da voi a raccontarvi tutto per mettermi nei casini! Faccio il pony, cazzo, non il poliziotto... se non era che per due giorni la villa è stata chiusa, senza segno di vita, lo avevo già fatto prima!

– Perché, chi c'è adesso?

– Boh! È tutta la mattina che sto a guardare... è arrivato un tipo col codino, è entrato e poi se ne andato subito, ma adesso mi sembra che ci sia piú vita nella casa. E allora sai cosa faccio?

– Cosa fai?

Mi sbatte il pacco sotto il naso, cosí vicino che mi viene da tirare indietro la testa.

– Sulla busta c'è scritto Maltoni ragionier Federico, cosí io vado là dentro a darla al Maltoni ragionier Federico, invento una balla per il ritardo e ciao, non gli chiedo neanche la mancia...

– E io?

– Tu resti fuori, dall'altra parte della casa, dove ho visto che c'è una finestra aperta. Perché se si mette male io al ragioniere gli dico di guardare fuori e lui vede un mio amico con una faccia da sbi... da poliziotto come la tua e almeno mi lascia andare. Se invece non succede niente, non ti vede neanche e bona lè.

Non mi incazzo solo perché ha corretto sbirro in poliziotto e questo da parte di Nikita, nervosa com'è in questo momento, è abbastanza eccezionale. E poi, mi è venuta un'idea...

– Va bene, – dico e lei corruga la fronte.

– Come va bene?

– Va bene... che devo dire? Ok, lo faccio...

– Cosí? Senza storie?

Si morde la guancia, dall'interno, mentre mi fissa pensosa e io sorrido, imbarazzato. È dura da fregare, Nikita... Alla fine scuote la testa, sempre seria, e si richiude il giubbotto sulle tette. Fa un passo verso la strada ma si ferma e mi guarda ancora, la bocca deformata dallo sforzo di mangiarsi la guancia. Ha paura, lo si vede dagli occhi. Mi prende per il bavero della giacca, tirandomi verso di se e mi sussurra: – Non fare cazzate, Coliandro, ti prego, – poi mi bacia sulle labbra, rapida e corre verso il cancello.

Io giro attorno alla casa, sentendomi un po' cosí cosí. Non fare cazzate, dice... Io lo so che quello che voglio fare non è una cazzata. Voglio entrare da dietro, infilarmi in casa, sbattere pistola e tesserino sotto al naso al rag. Maltoni e fargli un paio di domande sulla provenienza dei soldi. Poi chiamo la Sezione reati finanziari, gli consegno duecento pali, un dischetto e un ragioniere in flagranza di reato e da lí diventano cazzi loro, perché la mia l'ho fatta.

Problemi: Nikita e i cani. Il primo si risolve subito, perché la faccio saltar fuori come una che ha collaborato attivamente alle indagini, cosí ci fa anche una bella figura. I cani sarebbero cazzi... ma appena suona il campanello corrono tutti davanti e mi lasciano via libera. Non fare cazzate, mi dice... e che cazzate faccio? È tutto studiato...

E infatti, appena si sente il primo accenno di campanello da dentro la casa, proprio la prima *d* di *drinn*, parte un uragano di latrati impazziti, come se i cani fossero almeno duecento. Invece sono solo tre, li vedo da dietro le inferriate coperte di edera che circondano il giardino: tre botoli tozzi e neri che saltano fuori dalla casa attraverso una finestra aperta a pianterreno e schizzano via oltre l'angolo della villa, verso il cancello, lasciando sull'erba una striscia di bava bianca e schifosa. Io mi sbrigo ad attaccarmi alle inferriate e a tirarmi su appoggiando il piede a un nodo di edera che cede proprio mentre sono a cavallo delle punte a torciglione che stanno in cima alle sbarre e mi succede come a Bertaccini Ivo quando da bambini andammo a rubare le ciliege e rimase impigliato col fondo dei calzoni. Faccio come Bertaccini Ivo, merda: mi lascio cadere di sotto con un craack di stoffa che mi fa un male quasi fisico e vorrei bestemmiare ma non posso, perché appena tocco l'erba con le mani e le ginocchia e alzo la testa, c'è un solo pensiero che mi attraversa il cervello, bruciando tutti gli altri.

– Cazzo, i cani!

Tornano, gli stronzi, cosí veloci che mi sembra che volino a mezz'aria, senza neppure toccare terra, le bocche spalancate e gli occhi bianchi, da assassini. Non sto a guardarglieli molto, gli occhi, raspo sull'erba con le suole, grattando con le dita, finché non faccio presa e schizzo verso la finestra aperta. Mi ci tuffo dentro e volo su un tavolino, atterrando con la faccia su qualcosa di molle che mi evita di spaccarmi il naso sul pavimento. Mi volto e sul davanzale della finestra c'è già uno di quei bastardi, tozzo, incazzatissimo, lo Schwarzenegger dei cani, merda, mezzo fuori e mezzo dentro, che si divincola, la schiena curva, cercando di salire. Mi alzo in ginocchio e gli tiro un cazzotto secco. Lui chiude la bocca, mi guarda un po' stordito e poi cade all'indietro, proprio come un uomo. Chiudo la finestra mentre ce n'è già un secondo che batte una nasata umida contro il vetro, poi mi tiro in piedi, mi accorgo dello strano odore dolce che c'è nella stanza, guardo in basso e caccio uno degli strilli piú forti che abbia mai tirato in vita mia.

Per terra, davanti a me, c'è un uomo coperto di sangue. Non ha piú la faccia, a parte un orecchio che penzola attaccato a un brandello di pelle e un occhio rotondo, bianco, completamente scoperto, che mi fissa. Cado all'indietro, contro la finestra, e lo schianto dei cani che abbaiano contro il vetro alle mie spalle mi ributta in avanti. Allora perdo il controllo, tiro fuori la pistola e come un coglione sparo un colpo in aria.

L'esplosione che rimbomba nella stanza ha l'assurdo effetto di calmarmi i nervi, di colpo, e sembra che faccia lo stesso anche con i cani, che si fermano ad annusare l'aria, per qualche secondo, la bocca socchiusa. Poi li vedo ripartire a razzo e scomparire verso l'angolo della villa, mentre sento una tempesta di colpi attutiti che sembrano venire dal portone. Collego le due cose e volo fuori dalla stanza, nel corridoio d'ingresso, riuscendo ad aprire la porta e a far entrare Nikita un attimo prima che se la mangino i cani. È cosí terrorizzata che continua a tempestarmi di pugni, come se colpisse ancora il legno della porta, finché non riesco ad abbracciarla, bloccandole le braccia.

– Cristo, Coliandro! – strilla isterica. – Ma che cazzo fai? Ho immaginato che eri entrato quando ho visto i cani che correvano via e c'era il cancello aperto e sono entrata anch'io e a momenti con le tue cazzate mi fai mangiare viva, cristo... Ma cos'è questo odore? Sembra marmellata.

– È il rag. Maltoni, – dico, sforzandomi di non pensare a quella faccia perché già mi sento le gambe che mi tremano e la nausea che mi strizza lo stomaco. Che mi venga un colpo se quel massacro non è opera di quei tre figli di puttana con la bava alla bocca.

– Morto? – chiede lei, con una nota un po' acuta nella voce.

– Di piú... no, non ci andare... – la blocco allacciandola col braccio libero dalla pistola, – ha la faccia tutta... cioè, non ce l'ha piú la faccia.

Ecco, l'ho detto e mi sento male. Barcollo fino al muro, mi ci appoggio con la fronte e starei per vomitare se non fosse per lo schianto improvviso che sento nella stanza che ho appena lasciato.

Vetri rotti. Vetri rotti di una finestra. Vetri rotti di una finestra sfondata da tre cani impazziti.

L'urlo di Nikita mi fa drizzare come un coltello a scatto mentre d'istinto alzo il braccio con la
pistola e quasi senza guardare lascio partire una
raffica di tredici 9 x 19, tutti quelli che ho nel ca-
ricatore meno quello che ho sparato prima.

Quando il carrello mi si blocca, aperto, sull'otturatore e il grilletto mi diventa duro, nella stanza c'è una nebbia azzurrina e un odore aspro di
cordite che farebbe svenire anche un fabbricante
di fuochi artificiali.

Nel vano della porta, tra gli stipiti che sembrano mitragliati da una contraerea pesante, ci sono
tre cani morti. Nelle orecchie appannate, invece,
assordate dai rimbombi delle esplosioni nella stanza, sento un fruscio sottile, lontano lontano.

È Nikita, che sta urlando isterica, con tutto il
fiato che ha.

Carabinieri, Reparto Operativo Speciale.
OGGETTO: *intercettazione ambientale n. 45 del 19.04.94 pres-so abitazione Literno Salvatore detto Totò U'Tizzune (in atti meglio generalizzato).*
Autorizzazione sost. proc. dott. Malerba (Direzione Distret-tuale Antimafia).

Literno Salvatore: – Io con quei selvaggi non ci tratto... ma chi minchia si credono di essere, eh? Da che mondo è mondo ci sono sempre state del-le regole per queste cose... e chi minchia siamo qua? I cani randagi? I lupi? Accendi la tivú che c'è il telegiornale... [INTERCETTAZIONE DISTURBA-TA CAUSA TRAVISAMENTO DEL MICROFONO DENTRO IL TELEVISORE].

Voce sconosciuta [SECONDO PERIZIA: INFLESSIO-NE CATANESE]: – Io direi piuttosto le iene... quel-li là non l'hanno mica capita che questa non è la zona per certe cose...

Literno Salvatore: – Quelli là non hanno capi-to che questa non è la loro zona proprio per nien-te! E poi il mercato e gli autogrill sono sempre sta-ti cosa nostra... iddu gran curnutu du pigghiancu-lu! Giaccalone era come se fosse un figlio mio! Iddu [INCOMPRENSIBILE CAUSA INTERFERENZA TE-LEVISORE. SECONDO PERIZIA: INTERCALARI OSCENI TIPICI PROVINCIA CATANESE]... ma la colpa è nostra,

nostra e di don Masino che gli abbiamo lasciato spazio per crescere fino a qua!

Voce sconosciuta: – Crescere, crescere... è proprio questo il guaio! Totò, quelli sono rimasti bambini che giocano e non sono cresciuti mai!

Literno Salvatore: – Apposta non ci tratto! Morti li voglio vedere! Ecco il telegiornale, alza la tivú...

[INTERCETTAZIONE INTERROTTA].

Capitolo v.

– Ancora non ci credo di aver fatto una cosa del genere...
– Di aver sparato a tre cani?
– Ma no! Chi cazzo se ne frega dei tre cani, volevano mangiarmi, merda... Dico di essermene andato senza chiamare una volante! Qui mi fanno un culo che... minchia, non ci posso neanche pensare!

Scuoto la testa, le mani mi tremano ancora un po'. Sono seduto su una poltrona assurda, di vimini, tutta piegata all'indietro, con un cuscino rotondo che mi sta dietro la nuca e mi dà un fastidio bestia. Mi strozzo tutte le volte che cerco di bere il whisky che Nikita mi ha versato in un bicchiere lungo e che beve anche lei, appollaiata sul bracciolo di un divanetto basso, con le gambe piegate sotto le ginocchia.

Se non fosse stato che era sotto choc e mi è corsa fuori dalla villa per schizzare via in motorino, avrei chiamato il 113 e sarei rimasto lí ad aspettare, come vuole la procedura, ma non volevo perderla un'altra volta. Cosí siamo arrivati fin qui, in una traversa invisibile di via Saragozza, dentro una mansarda di due stanze che sembra la bottega di un cinese. C'è odore di cuoio, incenso e di pepe e in giro è pieno di cazzettini orientali, con un tem-

pietto rosso sopra un tavolino da nani e sopra la
porta un sonaglino tubolare che non ha smesso di
tintinnare da quando siamo entrati.

Nikita si è tolta gli anfibi, si è sfilata il fazzoletto dalla testa e si è sciolta i capelli che sono piú
lunghi di quando l'avevo conosciuta e le scendono
sulle orecchie in una specie di caschetto corto.
Sembra calmissima, adesso, sulle labbra contratte
la solita smorfia di quando pensa.

– È carino qui, – dico, anche se non è vero. –
Non sapevo che vivessi da sola, adesso.

– Non è mio, – dice lei distratta, – è di Massimo.

– Massimo? Ah, sí... il frocetto con la erre moscia.

Lei alza gli occhi e mi guarda, per un attimo.

– Frocetto? Cazzo dici... anzi...

Come anzi? Corrugo la fronte, poi mi stringo
nelle spalle e bevo un altro sorso di whisky. Per
quello che me ne frega... no, perché davvero, non
me ne frega proprio niente, merda.

– E dove sarebbe adesso, questo Massimo?

– È fuori per qualche giorno... è andato a chiedere guida.

– Sta prendendo la patente?

– Cazzo capisci, tu... Massimo è buddista, è andato a chiedere un consiglio a un suo amico piú
esperto per un problema che ci... che lo riguarda.

– Ah –. Buddista. Boh... Mi accorgo che Nikita mi sta fissando.

– Che c'è? – chiedo.

– Dobbiamo scoprire di chi sono quei soldi, –
dice indicando la busta che ha lasciato sul divano,
accanto a lei. – Dobbiamo sapere a chi apparten-
gono soldi e dischetto e poi...

– No, no, aspetta un momento, bambina... giocare ai poliziotti è bello ma lascia il mestiere a chi lo sa fare...

Alza un sopracciglio, mentre beve, e mi guarda da sopra il bordo del bicchiere. Sento una stretta nello stomaco, primo perché quando fa cosí è carina da matti, secondo perché so già che mi vuole prendere per il culo.

– Ecco sí, – dice, – lasciamo il mestiere ai poliziotti veri...

Non la cago neanche, divento rosso e mi va di traverso un sorso di whisky, ma non rispondo.

– Ti dico io cosa succede adesso: andiamo alla Reati finanziari con soldi, dischetto e nastro e gli diciamo del rag. Martini mangiato dai suoi stessi cani... Cazzo, Nikita, mi hai fatto commettere almeno una decina di reati questa mattina, a partire da mancata denuncia di cadavere fino a...

C'è qualcosa che non quadra. Anzi, ce ne sono tante. La puzza di marmellata che ho sentito nella villa la conoscevo già, tanto che adesso devo bere un altro sorso di whisky per non farmi venire di nuovo la nausea. Come l'anno scorso, quando uno stronzo si fece saltare la testa con una doppietta e rimase chiuso in casa per una decina di giorni, prima che se ne accorgesse qualcuno. Stesso odoraccio dolce che ti prende alla gola e che a me mi fece andare giú come una pera appena entrai in casa. Mi sono anche scheggiato un dente contro il bordo di un tavolo, cadendo, ma col cazzo che mi hanno dato cause di servizio. Comunque, con quell'odore il rag. Maltoni era lí da un pezzo, da molto prima che arrivasse Codino, che tra l'altro è entrato e uscito senza farsi mangiare dai cani. Che casino...

Nikita ha infilato un dito in un buco della cal-

za sopra la caviglia, e sta giocando con una maglia
mentre mi guarda, seria. Sembra che capisca quello che penso, perché scuote la testa, decisa.

– Senti un po', ispettore Callaghan... a me non
me ne frega un cazzo di cosa c'è dietro a questa
storia. Io so solo che non mi piace, che ho paura e
non mi fido di nessuno. Io voglio soltanto restituire quei soldi e se sapessi di chi sono lo avrei fatto subito... ma l'unico indirizzo vero che avevo è
quello di un ragioniere morto. Se lo sapevo li da-
vo al tipo col codino, ma sembrava Zanardi e mi
ha fatto paura...

– Zanardi? E chi è Zanardi? Lo conosci?

– Ma no... Zanardi è un personaggio di Pazienza...

Alzo un sopracciglio e lei capisce immediatamente cosa sto per chiedere. Comincio a pensare
che mi legga nel pensiero, la piccola.

– Pazienza è un disegnatore di fumetti... come
Manara, Catacchio, Hugo Pratt... mai sentiti, eh?

Non dico niente. Frega un cazzo dei fumetti...
gli unici che ho letto sono i pornazzi che fregavo
dall'armadietto di Nencioni, quando facevo il militare a Ventimiglia. Succhio le ultime gocce dal
bicchiere, poi allungo il braccio verso Nikita.

– Non è che ti ubriachi?

– Non dire cazzate, bambina... Bevo questa roba che tu ciucciavi ancora il latte dalla mamma.

– Allora prenditelo da solo.

Mi strappo da quella cazzata di sedia con un colpo di reni, riempio il bicchiere fino a metà e lo
mando giú in un sorso, tanto per farle vedere chi
è il maschio, qui. Poi mi volto verso la finestra che
ho alle spalle, perché non si accorga che ho le lacrime agli occhi.

- Quindi, o resti con me e mi aiuti a trovare di chi sono quei soldi, - continua lei, - oppure, se non te la senti, te ne vai come se non fosse successo niente e non ne parli con nessuno. Ti chiedo solo questo... se ci tieni a me, se mi vuoi un po' di bene, per favore... non mi mettere nei guai.

Le volto le spalle, appoggiato con la mano al vetro della finestra, e non la vedo, ma sento che singhiozza, appena, con un risucchio sottile. Mi giro e la vedo che tira giú gli angoli della bocca e sporge le labbra in avanti, tra le guance rigate di lacrime, come una bambina. Vorrei dire: - Che cazzo fai? - ma sono ancora senza fiato per il colpo del whisky e cosí mi esce anche a me una specie di singhiozzo roco, che unito alle lacrime di prima fa credere a Nikita che stia piangendo anch'io. Allora lei salta giú dal divano, mi corre addosso e mi abbraccia cosí stretto che quasi mi strozza, facendomi barcollare, mentre mi affonda il volto contro una spalla.

- Tranquilla, bambina... - sussurro con un filo di voce, perché di piú, davvero, non posso, - tranquilla... sono qua io. Non ti mollo.

Merda.

«Sabato Sera – Settimanale del Comprensorio Imolese»
LAVANDERIA A GETTONE
(Servizio di Carlo Lucarelli alle pp. 21-22)

Che la Mafia non sia piú monopolio del Sud ormai è evidente per tutti. Che la criminalità organizzata abbia radici profonde anche al Nord e in Emilia Romagna è altrettanto evidente: da Modena a Cattolica ci sono praticamente tutti, Mafia, Camorra, 'Ndrangheta, Sacra Corona Unita e anche le nuove cosche indipendenti di Rimini e Bologna. Droga, armi, ma soprattutto riciclaggio di denaro sporco: con le pizzerie che vanno avanti anche se hanno un solo cliente a settimana, i negozi di scarpe e abbigliamento che non vendono ma guadagnano, le banchette compiacenti e la vicinanza di una Svizzera nostrana come San Marino, l'Emilia Romagna sembra sempre di piú una «lavanderia a gettone», dove quello che si lava, paradossalmente, è proprio il «gettone». [...]

Capitolo VI.

Tiro fuori la mano dal finestrino e faccio no con l'indice dritto, ma lui si avvicina lo stesso. Mi sono fermato piú indietro, al semaforo, con lo spazio per almeno due macchine tra me e quella davanti, apposta perché il lavavetri non venisse a rompermi i coglioni, ma lui duro, cazzo, immerge il raschietto in un secchio e corre, anche, con la spugna in mano. Deve essere un albanese, o uno slavo, scuro di pelle, i capelli lunghi, i calzoni rotti, una maglietta Adidas chiazzata di sapone e quella faccia da culo che hanno solo loro.

– No! No! – ripeto, a voce alta. – No!

Lui mi strizza la spugna sul vetro e allora io schiaccio il pulsante dello schizzetto e tiro giú la levetta dei tergicristalli. Il tipo fa un salto all'indietro e toglie la mano in fretta, per non lasciarla sotto le spazzole, poi alza un dito tutto nero e mi manda a 'fanculo, almeno credo.

– Questa città sta diventando una merda... – ringhio tra i denti. Nikita è seduta accanto a me, accucciata contro la portiera. Stiamo andando fuori, verso il San Lazzaro, in un posto che sa lei, a cercare un tizio che conosce lei. Anche se mi girano moltissimo le palle, io la assecondo, per cercare di capirci qualcosa. Quando le ho chiesto dove cazzo stavamo andando, mentre correva giú per le

scale, mi ha detto: – A cercare un cyberkiller –.
Un cyber... che? E lei di nuovo: – Un cyberkiller,
– ed era già fuori, sotto il portico.

– Non è vero un cazzo, – dice lei, dopo un bel
po', tanto che faccio fatica a capire a cosa si riferisce. – Questa città è bellissima.

Sorrido e scuoto la testa, suonando a quello davanti appena scatta il verde.

– Certo, certo... è bellissima. Fai un giro davanti
alla stazione, di notte, a vedere come sono belli gli
spacciatori tunisini, che quella è zona loro... Vai,
vai, passa dal Pilastro dopo le dieci e poi dimmi se
torni a casa intera.

– Balle... Io ci vado al Pilastro e non mi succede niente. Io lo so, tu sei uno di quei paranoici che
dice che trent'anni fa Bologna era tutta un'altra
cosa... sei un nostalgico...

– Che cazzo ne so di com'era Bologna trent'anni fa? Io ne ho ventisette e la vedo adesso, Bologna. Io ci giro, la notte...

– Anch'io giro la notte... e mi diverto. Bologna
è bella, di notte.

– Ma vaffanculo... – suono ancora, perché il tipo davanti ha rallentato all'improvviso, proprio
mentre stavo per superarlo e a momenti lo tam-
pono. Cerco di infilarmi nella corsia riservata ma
sta arrivando un tram e freno, facendo sobbalza-
re Nikita sul sedile.

– Sí, certo... – dico, – adesso sei tu che sei no-
stalgica. La Bologna delle osterie...

– Ma chi se ne frega delle osterie...

– Bologna è un merdaio, te lo dico io... i travestiti in Fiera, le tossiche sui viali, le nigeriane, le
austriache, le checche albanesi che battono nel
piazzale delle corriere... e 'ste minchie di cittadi-

ni che prima si incazzano perché hanno i brasiliani che gli fanno casino sotto casa e poi, quando cominci ad andare in giro a rompere, si incazzano di nuovo perché non possono andare a puttane in pace. Bologna è una città ipocrita.

– Be', questo è vero... – mormora Nikita, – lo è sempre stata. È una città elitaria e se non sei del giro non entri. Questa è una città che sorride a tutti ma che sotto sotto non vuole nessuno, come per gli studenti...

– No, aspetta... a me sembra anche troppo tollerante...

Il coglione davanti rallenta ancora e accende le doppie frecce. Io suono, con due colpi secchi del palmo della mano.

– Ecco, guarda... – dice Nikita, indicandomi, – tollerante un cazzo. Non mi dirai che qui c'è solidarietà. Che qui basta chiedere che trovi subito una casa a un prezzo decente... Lo sai quanto costa un posto-letto in una camera da quattro persone? Per avere le case bisogna occuparle...

– Ma non è vero... di solidarietà ce n'è anche troppa. Guarda quanti marocchini ci sono in giro...

Il tipo davanti esce dalla macchina, infila un braccio dentro il finestrino aperto e comincia a spingere. Mi fa cenno di scendere per aiutarlo. Col cazzo che scendo ad aiutarlo. Monto sul marciapiede, perché la strada è stretta e metto le quattro frecce anch'io, facendo cenno a quelli che ho dietro di passare avanti. Che lo aiutino loro, lo sfigato.

– Se questa città non ti piace, perché non te ne vai? – dico a Nikita, spegnendo il motore.

– E chi dice che non mi piace? Eri tu che dicevi che è una merda...

Già, è vero. Nikita sorride, strafottente. Si appoggia con la schiena alla portiera e mette i piedi sul cruscotto. Li toglie appena la guardo male, ma solo dopo una frazione di secondo, come per farmi capire che lo fa solo perché lo vuole lei, la stronza.

– Lo sai cosa sei? – mi chiede. Se dice sei uno sfigato giuro che le do una sberla.

– Cosa sono? – chiedo, pronto, con la mano che mi frigge.

– Sei un fascista.

– Ma va' là!

– No, no... sei un fascistone, davvero.

– Ma che cazzo dici? Mio padre era nel PCI dagli anni Sessanta, ha avuto anche dei guai a stare nella polizia. E io, bambina, io... tu non eri ancora nata che io aiutavo mia madre a chiudere i tortellini ai Festival dell'Unità.

Nikita mi guarda, fa una smorfia strana, poi stira le labbra, chiude gli occhi e mi ride sulla faccia. Una risata squillante, lunghissima, che finisce in un singhiozzo e la lascia con gli occhi velati di lacrime.

– Oh Dio... – ansima, – eri quasi un terrorista, davvero... – Ride ancora, piú roca, di gola e io stringo i denti, soffiando fuori l'aria dal naso, incazzatissimo.

– Hai finito? – le dico, torvo. Non mi piace quando mi ridono in faccia. Nikita sospira, poi le scappa un'altra risatina, subito repressa. Mi guarda, allunga una mano e mi tocca una guancia con la punta delle dita, facendomi un solletico bestiale che mi fa piegare il collo.

– Certe volte fai tenerezza, – dice lei.

– Vaffanculo, – dico io. Metto in moto, anche

se l'auto del coglione è ancora ferma al semaforo
e sgassa, coprendo di fumo nero quei quattro sfigati che l'hanno aiutato a spingere. Però non mi
muovo, appoggio le mani al volante e fisso il parabrezza, con lo sguardo incazzato. Fino a prova
contraria io sono il poliziotto e lei solo una ragazzina che si crede l'ispettore Derrick. Non mi muovo finché non so cosa succede.

– Ok, – dice Nikita, – allora ti spiego. Cosa abbiamo in mano oltre a un ragioniere morto che
chiude definitivamente la pista del destinatario?
Un mittente con un nome falso... e quindi per
adesso pista chiusa anche lí. E un dischetto protetto... ecco, stiamo andando da chi è in grado di
leggerlo, quel cazzo di dischetto.

– Dimentichi il nastro...

– No che non lo dimentico, il nastro... ma a parte che è mezzo cancellato, ci fa capire solo che c'è
qualcuno che si diverte a registrare le conversazioni su Peppino di Capri e le radio della polizia...
sai dirmi perché?

No, non lo so. Ingrano la marcia, allora, e parto.

Con la presente si informa la competente autorità del rinvenimento a mezzo perquisizione domiciliare di un apparecchio illegale di ascolto ad alta frequenza «scanner» nell'abitazione di Balducci Walter, di anni 19, residente nel quartiere Barca. Il Balducci, sorpreso con l'apparecchio illegalmente sintonizzato sulle frequenze della polizia, è noto a questo ufficio per frequenti interferenze in conversazioni private tramite ponti radio Sip o telefoni cellulari.

La presente denuncia viene trasmessa per conoscenza anche alla competente autorità antimafia in quanto Balducci Walter risulta legato da lontana parentela a Onofrio Germano, detto O. G., presunto esponente della criminalità organizzata. Balducci Walter, già segnalato alla Prefettura in quanto consumatore di eccitanti, è noto nel quartiere col soprannome di Psycho. [...]

Capitolo VII.

Il palazzo è enorme, basso e lungo, un casermone giallo con le finestre verdi e quattro file di campanelli attorno al citofono. Tra l'altro è quasi buio e non si leggono neanche i nomi delle targhette.

– Come si chiama il tipo che cerchiamo? – chiedo, studiando i campanelli. – Ci abiterà mezza Bologna qui... sai che roba dev'essere perquisirlo tutto.

– Ivan, – dice Nikita.

– Ivan e poi?

– Non lo so.

– Merda, Nikita! E come facciamo a trovarlo? Ci saranno centomila persone qui dentro!

Lei non mi ascolta neanche. Suona una fila di campanelli con tutta la mano e aspetta finché qualcuno non dà il tiro al cancellino di metallo, coperto da un archetto di cemento. Entra e io la seguo, docile come un cagnolino. Si avvicina a una finestra alta meno di mezzo metro da terra, chiusa da una grata di ferro. Infilata nelle maglie sottili c'è una matita. Nikita la prende per la punta e la spinge in avanti, sbattendola nel vetro di culo, tuc tuc tuc. La finestra si apre e confuso dietro la grata vedo il volto di un tipo.

– Chi è? Oh, sei tu... vieni.

Entriamo nel palazzo da una porta a vetri, davanti a una rampa di scale. Io salgo, ma dopo un paio di scalini mi accorgo che Nikita non mi segue. È scesa di sotto, senza neanche dirmi niente, la stronza, e io corro per raggiungerla. Il tipo della grata ci aspetta in fondo a un corridoio strettissimo, illuminato da un neon giallo. È un ragazzo magro, alto, porta una maglietta nera con sopra scritto cyberpunk. Tiene aperta una porta di metallo grigio con dietro una tenda rossa.

– Se mi sputtani dicendo che sei un poliziotto ti strozzo, – mi sussurra Nikita, voltando la testa su una spalla.

Entriamo in una cantina piccolissima, dal soffitto basso, tanto che mi viene da chinarmi quando passo la porta, e il lungo me la chiude alle spalle. Sembra di essere in un'astronave. Ci sono video, tastiere e fili dappertutto, scatole di dischetti e computer smontati, collegati ad altri computer smontati. A guardarla meglio, non è poi cosí piccola la cantina, perché in effetti c'è un sacco di roba dentro, compresi due o tre poster di mostri, un portacenere bianco a forma di serpente cobra e un divano, con un tizio sopra.

– È un mio amico, – dice Nikita indicandomi col pollice, ma tanto non mi caga nessuno. Il tizio sul divano, un tipo dal mento sfuggente, una banana di capelli dritta sulla fronte e un paio di basette a punta, tende la mano a Nikita.

– Ciao Simona.

– Ciao, Vopo.

La tira sul divano accanto a lui e io, in piedi in mezzo alla stanza come un coglione, un po' curvo per l'impressione del soffitto, mi sento ridicolo e non so che cazzo fare.

– Il mio amico, qui, ha un problema, – dice

Nikita a Cyberpunk, che si siede su uno sgabello, davanti a una mensola con sopra un video acceso.
– Fa il rappresentante per una ditta e qualcuno gli ha messo un virus nei dati dell'amministrazione.

Tira fuori il dischetto e lo dà a Cyberpunk, che lo prende, lo guarda e poi mi guarda.

– Che ditta? – chiede.

– Di yogurt, – dico io, cosí, perché è la prima cosa che mi viene in mente.

– Capito –. Cyberpunk mi guarda. Io lo guardo. Vopo ci guarda.

– Pagando, s'intende, – dice Nikita.

– S'intende, – dice Cyberpunk e mi guarda. Dio bono... tra poco lancio un urlo.

– Pagando quanto? – dico, tanto per rompere il silenzio.

– Pagando quanto? – chiede Cyberpunk. Oh Signore Gesú Cristo...

– Duecentomila, – dice Nikita. Io apro la bocca per protestare ma il lungo mi precede.

– Okay, – dice rapido, – è andata.

Rotea sullo sgabello e infila il dischetto nel terminale, poi fa scorrere le dita sulla tastiera, velocissimo. Il video si riempie di lettere e numeri, divisi in due colonne e Cyberpunk si china in avanti, fino a toccare lo schermo con la punta del naso, lasciandoci al centro un puntino appannato.

– Cyberninja, – dice. – È uno dei virus piú cattivi e rognosi che ci siano in circolazione. Conosco chi l'ha fatto.

– Ah be'... – dico, – allora è facile...

– Facile un cazzo... ma vai tranquillo, solo un cyberkiller può fregare un altro cyberkiller e io il mio lavoro lo so fare meglio di tutti, anzi... se scopri chi ti ha fatto questo scherzo e vuoi rifar-

ti, per trecento carte ti do un virus ancora piú tosto. Comunque, caschi bene... fino a due setti-
mane fa non c'era antidoto per questo, ma adesso, invece, ho scoperto un trucco. Prendi una sedia e siediti.

Eseguo, sistemandomi accanto al lungo. Il tizio
sul divano dice qualcosa all'orecchio di Nikita, che
ride. Li sento parlottare, ma sono alle mie spalle e
non li vedo.

– Adesso pulisco il programma del dischetto con
un antivirus, – dice Cyberpunk, come un chirur-
go quando opera. – Ecco qua... sembra tutto a posto e invece no, perché Cyberninja ha un'istruzio-
ne di riserva che è ancora piú figlia di puttana delle altre. Se cerchi di entrare adesso ti parte tutto...

Non ci capisco una sega. Guardo e aspetto, come un coglione. Neanche Vopo e Nikita sembrano ascoltare. Li sento ridere ancora, poi sento un
odore strano, forte e dolciastro. Il lungo batte una
serie di numeri, che compaiono sul video, e qualche parola, aspetta che si vedano due colonne di
lettere che cominciano a scorrere sullo schermo e
si gira sullo sgabello, verso di me.

– C'è da aspettare un po', – dice e allunga una
mano, di fianco. Dal divano, Vopo gli passa un
cono di carta, che Cyberpunk finisce di arrotola-
re, leccandone un bordo. Nikita mi guarda e sorride, maliziosa. Cristo. Il lungo accende, aspirando un po', butta fuori una boccata di fumo den-
so e passa la canna a Nikita, tenendo la punta in
alto.

– Prima le signore, – mi dice. Sí, prima le signore... gioventú di merda. Se non fosse che mi
interessa sapere cosa c'è nel dischetto li avrei già
sbattuti dentro tutti, Nikita compresa. Dal video

scompaiono le lettere e Cyberpunk rotea sullo sgabello, le dita già pronte.

– Ecco... – mi spiega, – ci siamo quasi...

Io continuo a non capirci una sega, ma mi sembra che siamo al punto di prima. Mi sa che qui mi prendono per il culo. Cyberpunk prende la canna e aspira, con un sibilo. Tiene il fumo nelle guance gonfie per un po', prima di buttarlo fuori. Io sto pensando di alzarmi, di prendere Nikita e di portarla via, perché mi sono già rotto di stare lí a perdere tempo, e appena me la danno passo subito la canna a Vopo, senza dire niente. Ma Cyberpunk torna alla tastiera, rapido. Preme due tasti contemporaneamente e il video prima si spegne e poi si riaccende.

– Ora... questo è il momento magico. Se è andata, entriamo nel programma, se no ciao, salta tutto e vaffanculo... – trattiene il fiato e lo trattengo anch'io, anche se vorrei dire come salta tutto? Da dietro, Nikita ride, piano, ma io non la sento neppure.

– Vai! – urla Cyberpunk, alzando un pugno chiuso, come allo stadio. – Non controlla! Ce l'abbiamo fatta!

Sul video appare la mascherina del programma, senza teschietti e senza marcettina stronza. Cyberpunk prende la canna da Vopo, tira con forza e poi me la passa. Sono cosí eccitato che tiro anch'io una boccata, che mi va di traverso e mi fa tossire.

– Dammi la password, – dice il lungo.

– La che?

– La chiave, il codice d'accesso... Guarda che senza è davvero un casino entrare in un programma come questo... è una frase di tre parole...

– Peppino di Capri, – dice Nikita e io sorrido, ma il lungo annuisce, serio.

– Infatti... che fantasia, ragazzi... ecco qua.

Peppino, merda... che cazzo vuol dire? Vabbè, lo chiederò a Nikita, dopo... intanto guardo lo schermo e vedo un programma di amministrazione, identico al mio, con partita doppia, numeri di conti correnti e tutto il resto. A prima vista sembra il bilancio di alcune attività, tipo un paio di pizzerie e un negozio di scarpe, ma c'è qualcosa che non mi torna.

– Oh, la Bella Napoli... – mormora il lungo, – ma non è quella pizzeria che è bruciata l'altro giorno? Minchia, ti dava una resa del trecento per cento dell'investimento iniziale... Ma che cazzo ci metti in quegli yogurt? E alla fine del giro risulta anche che ci perdi pure. Complimenti, hai inventato la partita tripla...

Si accorge del mio sguardo e alza la mani. Mormora: – Cazzi tuoi, naturalmente, – poi si gira sullo sgabello, voltando le spalle allo schermo e tira nella canna con un risucchio sibilante. Io, in realtà, non lo guardavo neppure, anche se una faccia strana devo avercela comunque. Sto sudando freddo. Perché c'è una cosa sola che può rendere il trecento per cento dell'investimento: la cocaina. E c'è una sola attività che dopo aver reso tanto poi chiude in perdita: quella che ricicla i soldi della cocaina. E c'è solo un'organizzazione che ricicla i soldi della cocaina. La mafia. Merda.

Lancio un'occhiata a Nikita perché non la sento ridere piú, ma sta guardando da un'altra parte, con Vopo che le sussurra qualcosa in un orecchio e sembra che non si sia accorta di niente. Se soltanto immagina quello che ci può essere sotto que-

sta storia fa un casino che non riesco neanche a
pensarci. Invece no, ha altro per la testa.

– Senti, Ivan... chi è quel tipo che ha fatto il Cyberninja?

– Lo chiamano Psycho... È uno che sta alla Bolognina. Lo conosci Acido, l'amico di Neuro? Ecco, Psycho è quello riccio che sta sempre con suo
fratello...

– Anfe?

– Brava, proprio lui...

– E senti un po'... Da te non è venuto nessuno
a chiederti di neutralizzare il virus, no? Quindi se
qualcuno lo ha fatto, deve essere stato Psycho, no?
E Psycho ci riusciva a entrare nel dischetto senza
password?

– No, non ci riusciva. O la sapeva o l'ha saputa
in qualche modo, magari l'ha sentita dire da qualcuno... – Il lungo si stringe nelle spalle. – Vediamo le duecento carte? – mi dice, come se giocas-
simo a poker. Io mi infilo la mano dietro il culo e
gratto nel fondo della tasca dei calzoni per tirare
fuori il portafoglio. Nikita sorride a Vopo, gli dice: – Stai un po' buono, dài, – e si alza, chiedendo dov'è il cesso. Io dico: – Eccole, le duecento
carte, – e tiro fuori i soldi, mentre Nikita mi si appoggia al ginocchio con una mano, prima di uscire, e mi sussurra: – Fa' il bravo – sul collo, con un
soffio caldo che mi fa accartocciare come una fo-
glia secca. Il lungo dice: – Grazie, – e io: – Dischetto, prego, – e merda: il dischetto non c'è piú.
Anche Nikita non c'è piú. Porca puttana d'una
vacca troia.

Mi alzo di scatto, rovesciando la sedia, tanto che
Cyberpunk salta giú dallo sgabello. Vopo si tira su
con un colpo di reni e si mette davanti alla porta,

dove la tenda rossa sta ancora svolazzando per il passaggio di Nikita. Mi accorgo solo in quel momento di quant'è grosso, un torace gonfio da palestrato e i bicipiti che gli tendono le maniche corte della maglietta.

– Fuori dai coglioni, – gli ringhio sulla faccia. – Se no finisce che ti fai male.

Vopo sorride, stronzo. – Perché, – sibila, – sei cintura nera di judo?

No, non sono neanche cintura bianca... al corso ho mollato alla terza lezione perché mi sono lussato una spalla. Ma chi se ne frega? Ho la pistola e gliela faccio vedere aprendo la giacca con uno strappo che mi fa scricchiolare la fodera.

– Cristo, ha la berta! – geme Vopo, facendosi subito da parte. Cyberpunk si schiaccia contro il muro e mi tende i due biglietti da cento, ma cazzo me ne frega, io corro fuori, la tenda che mi striscia sulla faccia, schizzo lungo il corridoio e poi su per le scale e ancora fuori, in strada, dove, c'era da immaginarselo, c'è solo un cagnetto che mi sta pisciando contro una ruota della macchina. Resto lí come un coglione, troppo tardi per correre dietro a Nikita, troppo tardi per farmi ridare le duecento carte dal lungo che adesso chissà dove cazzo sarà scappato e troppo tardi anche per tirare un calcio nel culo al cane, che sta trotterellando tranquillo lungo il marciapiede, porca puttana d'una vacca troia. E intendo Nikita, questa volta.

Guardia di Finanza, Reparto Investigativo.

OGGETTO: *intercettazione a distanza con microfono direzionale n. 5 del 20.04.94 su Calandra Tommaso, detto don Masino (in atti meglio generalizzato) e Ventimiglia Anna Maria (in corso di accertamenti), incontratisi su una panchina dei Giardini Margherita.*

Autorizzazione sost. proc. dott. Niguastro (Direzione Distrettuale Antimafia).

Calandra Tommaso: – Insomma, quanto ci sta venendo a costare, finora, tutto questo affare?

Ventimiglia Anna Maria: – Tra le attività di lavaggio perse, quelle ferme e quelle che non sono piú sicure, abbiamo un venti miliardi bloccati, che in termini di interessi significano...

Calandra Tommaso: – Lasci, lasci... non me lo dica. Lo immagino da me. Quante attività gestiva il ragioniere?

Ventimiglia Anna Maria: – Maltoni? Vediamo... Guardo nel fascicolo e glielo dico... oddio, mi casca tutto...

Calandra Tommaso: – Stia, stia... lo raccolgo io...

Ventimiglia Anna Maria: – Grazie, don Masino, siete sempre un signore, voi. Dunque, il povero Maltoni aveva...

Voce sconosciuta: – Ma no? E da quando? E

Paolo lo sa? E soccia... adesso deve fare le analisi anche lui...

[INTERCETTAZIONE INTERROTTA PER PASSAGGIO DI ESTRANEI NELLA DIREZIONE DEL MICROFONO. INTERCETTAZIONE RIPRESA AD ALLONTANAMENTO ESTRANEI].

Calandra Tommaso: – E intanto tutto fermo, con gli interessi che viaggiano... No, ho cambiato idea, me lo dica quanto ci costa questa storia...

Interferenza radiofonica [cantante Jovanotti]: – Affacciati alla finestra amore mio...

[INTERCETTAZIONE RIPRESA AD ALLONTANAMENTO ESTRANEO CON RADIOLINA STEREO].

Ventimiglia Anna Maria: –... iliardi, piú o meno. Li vuole scorporati?

Calandra Tommaso: – No, no... Qua finisce che ci tocca cambiare zona... spostare tutto a Modena e addio Bologna... Chiudiamo anche la provincia, Medicina, Castel San Pietro... se soltanto riuscissi a capire che diavolo è successo. Alla famiglia della Barca, improvvisamente, scompaiono duecento milioni. Quelli, selvaggi come sono, ammazzano il cassiere, il povero Maltoni, e liquidano anche i funzionari della banca compiacente, poi scoprono che il ragioniere non c'entra e pensano che sia stata la famiglia della Bolognina e cosí scoppia la guerra tra i Mazzarà della Barca e i catanesi che controllano il Mercato ortofrutticolo, con quel fanatico di U'Tizzune che comincia anche lui a sparare e bruciare pizzerie. Almeno si sapesse chi li ha presi quei duecento milioni... a dire la verità, io credo...

[INTERCETTAZIONE INTERROTTA CAUSA ESAURIMENTO BATTERIE MICROFONO].

Capitolo VIII.

Piú ci penso e piú non so che cazzo fare. Sono quasi venti minuti che sto fermo sotto l'androne del Tribunale, fisso come un custode, tanto che ho già dovuto mandare a cagare un marocchino con la faccia butterata, un tossico con i denti marci e un vecchio rincoglionito che erano venuti a chiedermi di qualche ufficio. Il vecchio si è incazzato tanto che a momenti gli veniva un colpo, cosí ho cominciato a urlare anch'io e gli ho sbattuto in faccia il tesserino e allora lui ha tirato fuori una penna e mi ha preso giú il nome. E adesso che fa, gli ho detto, scrive una lettera di protesta al «Carlino»? Perché non se ne sta a casa a godersi la pensione invece di rompere le scatole a chi lavora? Perché alla pensione mi mancano ancora cinque anni, dice lui, e non scrivo al «Carlino», telefono direttamente al Questore: sono un colonnello dei carabinieri. Minchia.

Giornata di merda. Mi sarei svegliato con gli incubi questa mattina, se fossi riuscito a dormire almeno un minuto, ieri notte.

Ieri notte. Di Nikita, come logico, un cazzo. Né dai suoi né dal frocetto della segreteria con la erre moscia, ma me l'aspettavo. Deve aver capito che nel dischetto c'era qualcosa di grosso e si è presa paura, la piccola. Mi viene un po' di languore a

pensarla spaventata da qualche parte, un languore tipo fame, ma piú su dello stomaco. Comunque,
non ha tutti i torti a spaventarsi. Ci scommetto
quella santa donna di mia madre che quello è denaro riciclato. E sono pronto a scommetterci anche il GT appena tornato dal carrozziere che c'è
dentro la criminalità organizzata. Minchia, la mafia... resto sveglio fino alle quattro a pensare che
questo può essere il pezzo della mia vita, la dritta
che mi può tirare fuori dallo spaccio e rimettermi
in servizio attivo alla faccia di quella faccia da culo del Questore... e sono cosí gasato che non riesco a rimanere a letto e devo alzarmi per andare in
bagno a pisciare. Ma lí, già mi smonto. Cosa faccio, vado dal Questore a dirgli che mentre mi tro-
vavo negli uffici della Mobile a fare un giro ho avuto notizia di un reato che non ho comunicato a nessuno e anzi, mi sono fatto scappare una testimone
con duecento milioni di prove a carico, ho mandato in tilt il computer dell'amministrazione e sono entrato irregolarmente in una casa dove ho ammazzato tre cani... Mi vengono i brividi solo a pensarci e sono cosí teso che mentre piscio l'elastico
delle mutande che tengo abbassato col pollice mi
scappa e mi dà una frustata sulla punta del pisel-
lo, come non mi succedeva piú da quando ero bambino.

Torno a letto depresso e indolenzito e ripenso a
Nikita spaventata in qualche posto e a quel suo
amico dalla erre moscia che chi cazzo è e ancora a
Nikita che dove cazzo sarà ed è allora, mentre cerco di addormentarmi, che mi viene in mente il magistrato giusto. Minchia, Malerba, l'eroe dell'Antimafia. Saltare tutti e andare direttamente da un
piemme con i coglioni a raccontargli le cose... Mi

vengono i brividi cosí alti che mi sembra di solle-
varmi sul lenzuolo. Se il magistrato si incazza e mi
rimanda dal Questore, quello prima mi ammazza
e poi mi seppellisce allo spaccio per tutto il resto
della vita. Ma non in amministrazione... in una
cella frigorifera, assieme agli undicimila e cinquecento vasetti di yogurt ai mirtilli. Ma con Malerba no, cazzo. Mi torna in mente la faccia che aveva quando mi strinse la mano al funerale del povero babbo e io ero un ragazzetto di quindici anni.
Che cosa mi disse non me lo ricordo piú, ma la faccia sí, cazzo. Tosta. Cosí penso vaffanculo, doma-
ni ci vado e questo mi dà tanta sicurezza che chiudo gli occhi e mi addormento nel preciso istante
che la radiosveglia inizia a trasmettere il GR delle
sette.

Però, quando sono nell'atrio del tribunale, mi
cago addosso e non so piú cosa fare. Per un attimo penso di lasciar perdere, di tornare allo spaccio dove ormai Gargiulo avrà finito di rimettere a
posto l'archivio dell'amministrazione, fargli un
cazziatone di assestamento e dimenticare tutto...
Per un attimo, un attimo che dura venti minuti.
Se vado dal magistrato, mi dico, i casi sono due: o
mi crede e mi affida il caso o non mi crede e mi
manda a cagare. Oppure mi crede e affida il caso
a qualcun altro, che sarebbe meglio. Oppure non
mi crede e mi manda sotto inchiesta disciplinare.
Oppure mi crede e... vaffanculo, i casi sono tanti.
Poi mi scuoto, penso a Malerba che piange nella
foto del «Carlino», penso alla mortina di papà e
anche a Nikita, mi ripeto vaffanculo e schizzo su
per le scale, facendo i gradini a due a due.

Ecco, già lo si vede dalla segretaria che questo
magistrato è uno coi maroni quadrati, cazzo. In-

tanto è una gran figa, bionda, capelli lunghi, occhialini rotondi e giacchettina grigia senza niente sotto, stile segretaria sexy. E poi la becco subito nell'ufficio del piemme, seduta al suo posto, il che mi fa capire che ha dimestichezza con l'ufficio del boss, la troia. Già me la immagino sotto il tavolo e le sorrido mentre tira giú le gambe dalla scrivania e cerca di sedersi composta.

– Non c'era nessuno in anticamera, – le dico, – cosí sono entrato. Tranquilla, non glielo dico al dottore che ti siedi al suo posto quando lui non c'è. Dov'è? Torna?

Lei stringe un po' le labbra, che sono un po' troppo sottili per i miei gusti e mi guarda fisso, dietro le lenti rotonde. Ha gli occhi verdi.

– Dov'è chi? – chiede.

– Il dottore.

– E lei chi è?

– Sovrintendente Coliandro, – ringhio, perché comincia un po' a farmi girare le palle, la piccola, con le sue arie da superfiga. – Polizia di Stato. E tu chi sei?

– Il dottore. Stefania Longhi, Procura della Repubblica.

Minchia, un magistrato donna... e chi l'avrebbe mai detto, cosí bella... Deglutisco, imbarazzatissimo, perché lei mi guarda come se fossi poco piú di una merda di cane.

– Ehm... ecco... – balbetto, – devo aver sbagliato ufficio... io cercavo il dottor Malerba, della Direzione Distrettuale Antimafia e probabilmente...

– È questo l'ufficio del dottor Malerba e probabilmente lei mi ha scambiato per la sua segretaria...

– Ma no, cosa dice, io... – inizio, mentre penso
cazzo però, in gamba per una donna, ma lei insiste con il suo sguardo merda di cane, che mi blocca.

– Il dottor Malerba è fuori per servizio e potrebbe tornare oggi pomeriggio come tra una settimana. Cosí lo sostituisco io. Mi ripete il suo nome, per favore?

– Sí, be'... magari torno un'altra volta...

Lei corruga la fronte, stringendo ancora di piú
le labbra.

– Coliandro, ha detto, Coliandro... Tempo fa
ho seguito un procedimento a carico di un certo...
Amadei? Amidei? Non mi ricordo.

Amidei, me lo ricordo io. Un assistente dell'UCT
che si fregava i soldi delle puttane durante i giri di
ronda. Una sera eravamo in tre su una volante,
Amidei, uno stronzettino di agente entrato da meno di un mese e io, che ero fuori servizio ma ero
uscito lo stesso dato che a casa non riuscivo a dormire. Amidei litiga per i soldi con una troia, lo
stronzettino lo sente e lo denuncia.

– Lei fece un rapporto piuttosto confuso... con-
traddittorio, direi.

– Sí... cioè, no... è che dormivo quando lo stron-
zetti... volevo dire, l'agente assistette al fatto.

Non denuncio un collega. Amidei era una testa
di cazzo, ma io non la faccio la spia a un collega.
Per cosa, poi? Amidei che perde il posto e lo stronzettino trasferito ai passaporti con una pacca sulla spalla. E la troia ancora là, dietro la stazione.

– Capisco, – dice il dott., e intanto mi fissa, lo
vedo anche se tengo gli occhi bassi sulla scrivania.
Devo essere diventato rosso, perché sento la faccia che mi va a fuoco. Lei piega la testa di lato e

continua a fissarmi, attorcigliandosi i capelli con un dito. – O meglio, non capisco... e non mi piace. Non mi piace quel genere di poliziotto. Ma non importa. Vuol dirmi perché sta cercando il dottor Malerba?

No, non vorrei dirglielo. Vorrei spaccarle la faccia a questa cacacazzi e lo avrei già fatto se non fosse donna e soprattutto magistrato, merda. Però non mi va di essere ricordato come uno che frega i soldi alle puttane, cosí mi appoggio con le mani al bordo della sua scrivania, come Clint Eastwood in *Ispettore Callaghan il caso Scorpio è tuo*, bestiale, e guardandola dritta negli occhi verdi le sparo in faccia tutta la mia storia, compreso Psycho, Peppino di Capri e i cinesi che cantano namiorenghienchiò. Tralascio solo il particolare del virus nel computer dello spaccio. E quello della sparatoria con i cani. E il cadavere nella villa... insomma, a metà mi incasino un po', ma poi riesco ad arrivare in fondo. Lei però non muove un pelo.

– Come si chiama la ragazza? – mi chiede.

– Nikita. Cioè, Stanzani Simona...

– E dov'è adesso?

– Ecco, non lo so ma credo...

– E come si chiama il mittente del pacco?

– Ecco, non lo so, però penso...

– E dove sarebbe finito, questo pacco?

– Con esattezza non saprei, però...

– C'è qualcosa che lei sa, sovrintendente, a parte il fatto che si è visto passare tra le mani un sacco di soldi?

– Sí, – mormoro, – so che dovrei essere allo spaccio a registrare le bolle di accompagnamento di quattro scatoloni di Girella Triplo Gusto.

Lei annuisce, socchiudendo gli occhi in un lampo verde. Poi si appoggia allo schienale della sedia e rimette le gambe sulla scrivania, la troia, proprio come se non esistessi piú.

– Facciamo cosí, – dice, – prendo un appunto e intanto faccio qualche accertamento... Se salta fuori qualcosa oltre ai suoi non so lo passo al dottor Malerba appena rientra. Per ora è meglio non dir niente a nessuno, non crede?

Sono cosí incazzato che non riesco neppure a guardarle le gambe. Fisso un punto sul pavimento e annuisco.

– Buona giornata, sovrintendente, – dice lei.

– Buona giornata, dottore, – dico io.

Fuori, in corridoio, mi fermo davanti alla porta che mi sono appena chiuso alle spalle e penso: andate a cagare tutti quanti e lo penso cosí forte, AN-DATE A CAGARE TUTTI QUANTI, che muovo anche le labbra, in un fruscio muto. 'Fanculo Nikita, la troia magistrato, i cani morti, Peppino di Capri e tutto il resto. È la seconda volta che me lo dico, ma questa volta faccio sul serio, porco zio. Giuro.

E invece no, perché poco dopo succedono due cose che mi fanno cambiare idea.

Privato Cittadino Curioso.
Intercettazione casuale con scanner di conversazioni telefoniche cellulari tra sconosciuti.
Nessuna autorizzazione (punibile ai sensi di legge).

– O. G.? Apri le orecchie che ti devo raccontare una cosa... Ti dice niente il nome Psycho?

Capitolo IX.

La prima: sono in Strada Maggiore, in un negozio di videonoleggio e aspetto che la commessa carogna con gli occhiali lasci il posto al pistolone con i capelli rossi. Il fatto è che mi sono dimenticato che una settimana fa avevo preso una cassetta di Lorenzo Llamas, bestiale, e se la commessa carogna controlla il ritardo nel computer mi fa pagare un puttanaio. Il pistolone, invece, non ci guarda mai, cosí faccio finta di cercare qualcos'altro tra le custodie vuote che coprono la parete, intanto che lui sbriga una bionda in minigonna appoggiata al bancone. Ma la bionda è una bonazza che gli ha chiesto un consiglio su un film da prendere e da come vanno le cose e dallo sguardo che gli lascia sulle tette mi sa che il pistolone ci metterà un mese a rispondere. Mi nascondo anche dietro uno dei due espositori che stanno al centro della sala, perché l'incarognita mi sta guardando, le mani appoggiate al computer, e siccome piega anche la testa di lato, per guardarmi meglio, scivolo nell'altra saletta, dove ci sono i film vecchi e quelli pallosi da intenditori. *Il cielo sopra Berlino, La leggenda del Santo Bevitore, Il pranzo di Babette, Un angelo alla mia tavola, Il pasto nudo...* ma parlano sempre di mangiare questi? *Un'anima divisa in due*, minchia, come dev'essere peso questo qua... *Not-*

ti selvagge, selvagge? Ehilà... invece no, è sull'AIDS, merda, mi tocco subito le palle... *Il grande coco-mero*, bambini handicappati, minchia...

Di fianco a me c'è un'altra stanza, piú piccola, coperta da una cortina di cannucce rosse, col cartello vietato l'ingresso ai minori di diciotto anni. Intravedo un paio di tette giganti tra le strisce di plastica sulla porta e mi guardo attorno, imbarazzato, indeciso se entrare o no. Non so perché ma mi è venuta in mente Nikita, e non so perché, di nuovo, ma mi sono vergognato a pensarla...

Guardo l'incarognita che continua ad allungare il collo dal computer della cassa, guardo il pistolone che si intorta la bionda, poi faccio finta di concentrarmi su una cassetta proprio al limite della porta e con un saltino scivolo dentro la stanza dei pornazzi. Minchia... *Labbra bagnate in calore, Animal Anal I e II, Supersex hard core, La porno moto-ciclista, Amori bestiali nel carcere femminile dei secondini sadici e perversi...* Non è che ci tiri tanto ai porno, io... dopo quelli visti da militare con Sturlese ne avrò presi tre o quattro, o cinque o sei, sette, non mi ricordo... però tutte le volte che vengo qui mi gira la testa e mi devo mettere una mano in tasca per sistemarmi. L'ho appena fatto, gli occhi fissi sulle tette di Mercedes Ambrus, quando entra un tipetto con i baffi, piccolino, con un giub-botto nero. Io metto su una faccia tipo cazzo vieni a rompere i coglioni, ma mi smonto subito, perché assieme a lui è entrata una ragazza, carina, alta, i capelli corti, e questo mi mette in imbarazzo. Poi noto che fanno una cosa strana: la ragazza rimane sulla porta e guarda fuori invece di guardare dentro e mentre penso che magari si vergogna, il tipetto con i baffi mi gira davanti, stri-

sciando contro le cassette, poi si volta, mi passa
accanto e se ne va.

La prima cosa che sento è che sento male. La seconda è lo strappo, quando sfila il coltello, un ti-
rone forte che mi sposta in avanti di un passo. La
terza è un gran caldo sulla pancia, un caldo bagnato
che si allarga e sale e la quarta sono le gambe che
se ne vanno. Casco in ginocchio sulla moquette del
pavimento e il contraccolpo mi fa male in tutto il
corpo, come una scossa elettrica. Mi appoggio con
la mano alle cassette della parete di fianco e spalanco la bocca ma non riesco a gridare. Penso merda e minchia e porco zio e vorrei dirlo ma mi sembra di avere la gola annodata, cosí mi stringo la
camicia inzuppata, senza avere il coraggio di guardare, e poi mi scappa un colpo di tosse che, cazzo,
mi strappa tutto dentro con uno schianto secco.
Casco in avanti spazzando con la mano libera tutte le cassette che stanno sulla parete e batto una
gran facciata per terra. L'ultima cosa che vedo, prima di svenire, è il culo di un finocchio vestito di
cuoio che mi schiaccia il naso tutto da una parte.
Penso Simona e ancora, chissà perché, mi vergogno.

Capitolo x.

La seconda cosa è che mi arrestano.

Sono a letto, in ospedale, e cerco di non guardare la flebo perché l'idea di averci un ago in una vena mi riempie di brividi. Ho un buco nella pancia, con sopra una garza coperta da un cerotto che striscia nella maglietta ogni volta che respiro. Non mi fa male. Sembra che a salvarmi siano stati due finanzieri che erano entrati per controllare gli scontrini. La tipa sulla porta della saletta porno li ha visti e lo ha detto a quello con i baffi, che si è preso paura ed è scappato prima di farmi fuori del tutto. Minchia.

È il sostituto procuratore Longhi, la magistrata sexy, a raccontarmelo, mentre mi fissa da dietro le lenti rotonde degli occhiali. È seduta su una sedia accanto al letto, obliqua, e un riflesso di sole che entra dalla finestra le appanna di bianco il vetro delle lenti. È piú fredda di un ghiacciolo, la sostituta. Potrebbe fare la parte di un nazista in un film di ebrei se non fosse per le calze nere che le velano le gambe accavallate e il bordino di pizzo, sempre nero, che le spunta appena appena da sotto un risvolto della giacchetta grigia.

– E cosí, – dice, – l'hanno trovata sul pavimento della sezione video pornografici con una ferita perforante all'addome di tre centimetri, emorra-

gia interna e rischio di lesione al peritoneo, in seguito positivamente risolti. È stato fortunato, sovrintendente, in quella sala per video porno.

E insiste, la stronza. Vorrei stringermi nelle spalle ma ho paura che mi faccia male la pancia. Lei
fruga nella borsa che tiene a tracolla e tira fuori una
busta gialla, chiusa, col mio indirizzo sopra.

– Ecco, – dice mettendomela sul letto, proprio
sulla ferita, – è per lei.

– Cos'è, – chiedo, – un encomio?

– No. Un avviso di garanzia.

– Per i video porno?

– Per omicidio.

– Eh?

Vorrei alzarmi a sedere, ma sento male appena
penso soltanto di contrarre i muscoli della pancia,
cosí resto giú. E non parlo neppure, apro la bocca
ma non mi esce niente. Cazzo. Lei tira in avanti
la sedia e si avvicina al letto, chinandosi su di me,
faccia a faccia, come se volesse baciarmi. Le labbra si muovono appena mentre mi parla con un
sussurro, guardandomi negli occhi.

– Ho disposto un provvedimento di custodia
cautelare nei suoi confronti, sovrintendente. Starà
qui in ospedale sotto sorveglianza dei carabinieri
e appena esce l'arresto. Lei è indagato per omicidio, favoreggiamento, ricettazione e associazione
a delinquere di stampo mafioso.

Ma che cazzo... Lei si tira indietro, appoggiandosi allo schienale della sedia e comincia ad attor-
cigliarsi i capelli con un dito.

– In un giorno compreso tra il 18 e il 20 aprile... la necroscopia non può essere piú precisa ma
conto che lo sia lei, sovrintendente... in uno di
quei giorni lei si è introdotto in un'abitazione pri-

vata in via del Passero numero 21, dove ha sparato quindici colpi con la sua pistola d'ordinanza uccidendo tre cani da guardia e il padrone della villa, ragionier Maltoni Federico.

– No! – Questa volta ci riesco a parlare, anzi, urlo. – Non è vero! Il ragioniere l'hanno ammazzato i cani!

Sorride e mi mette i brividi per come lo fa.

– Dubito che un cane rottweiler, per quanto selezionato e addestrato alla difesa, sia in grado di sparare un colpo di nove per diciannove alla nuca del suo padrone, dopo avergli legato le mani dietro la schiena. Lei non crede?

Merda. Impossibile... eppure, ha ragione, io il ragioniere l'ho visto con la faccia mangiata e mi sono fermato lí. Era per metà sotto il letto e il resto, le braccia, non le ho viste... Ma io che cazzo c'entro?

– Ci sono quindici bossoli esplosi dalla sua pistola, sovrintendente. La Scientifica ha esaminato le rigature e non ci sono dubbi...

– Sí, lo ammetto, ho sparato ai cani ma...

– Abbiamo raccolto i proiettili e stiamo esaminando anche quelli, stia tranquillo. Non lasceremo niente al caso, sovrintendente.

Annaspo con le labbra, senza sapere piú che dire, anche se di cose ne avrei parecchie. Ricettazione? Associazione a delinquere di stampo mafioso? Io? Ma che, gli tira il culo a questa qui?

La stronza si avvicina ancora. Le si apre un po' la giacchetta e riuscirei a vederle le tette quasi per intero, ma in quel momento, giuro, non me ne frega un cazzo.

– Guardi che non la sto interrogando, – sibila, fredda, – non voglio che invalidi quello che po-

trebbe dirmi adesso con la scusa che sta delirando
o che non c'è il suo avvocato. Io la informo solo
che la sto indagando e che ci saranno due carabinieri sulla porta finché lei non sarà dimesso. Allora ci saranno le manette.

Si alza e si aggiusta la gonna sulle gambe, con
un zzzzz di stoffa e di calze, sistemandosi la borsetta a fianco.

– Gliel'ho già detto una volta, sovrintendente.
Non mi piace un certo genere di poliziotto. Non
mi piace il suo genere di poliziotto.

Mi punta contro un dito sottile, dritto come una
spada e poi esce, lasciandomi solo.

Oh, merda.

Oh, merda. Credo di non essere riuscito a pensare a nient'altro per non so quanto tempo, ore
forse, gli occhi sbarrati sul soffitto bianco, nella
penombra che si fa sempre piú scura, a sentire il
plic plic della flebo. Oh, merda... e lo penso ancora quando sento i passi nel corridoio, silenzio-
sissimo, dato che devono avermi messo in un reparto isolato. Sono passi strani, però, non è il tac
tac delle scarpe di cuoio dei carabinieri... piuttosto il tonf tonf degli scarponi che avevo da militare. Minchia, sono cosí pericoloso che a sorveglia-
mi ci hanno messo i soldati? Volto la testa di fianco, sul cuscino, perché sento la porta che si apre.
Da quella posizione riesco a vedere il pavimento,
lo stipite di legno che avanza, la striscia di luce che
si allarga sulle mattonelle grigie e quei cazzo di anfibi che entrano. È Nikita.

– E tu cosa ci fai qui? – chiedo.

– No, cosa ci fai tu...

Si avvicina al letto e si siede sul bordo e io dico: – Oh, attenta, – perché un angolo del lenzuo-

lo, schiacciato sotto di lei, mi tira sulla ferita. Nikita si china su di me e con le dita mi pettina i capelli sulla fronte. Sono calde le sue dita e per un
attimo mi dimentico di tutto.

– Ho letto sul giornale che ti avevano accoltel-
lato, – dice, – cosí sono venuta a vedere come stai.
Come stai?

– Non è niente, – dico con una smorfia leggera,
– è solo un graffio. Ci sono abituato. Dove cazzo
eri finita?

– Nascosta. E ci sto ancora nascosta, stai tranquillo. Ho messo il pacco con i soldi e il resto della roba in un posto sicuro, che non immagini neanche.

– Simona...

– No, guarda... sto facendo tutto da sola, che è
meglio. Non sono ancora riuscita a trovare questo
Psycho perché sembra sparito dalla circolazione,
ma vedrai che prima o poi ci riesco. Sono venuta
soltanto a vedere se eri ancora vivo, poi sparisco
di nuovo, visto che non mi puoi correre dietro.

Si china ancora, tirandomi il lenzuolo che mi fa
un male cane e mi appoggia le labbra sulla fronte.
Sono calde anche quelle.

– Com'è che sei nel reparto malattie infettive?
– mi chiede, scendendo dal letto, – ti hanno pu-
gnalato con una siringa?

– Scema. Sono qui perché sono sotto custodia...
A proposito, come hai fatto a passare con i carabinieri?

– Quali carabinieri?

Forse è il modo in cui lo dice, forse è il rumore
dell'ascensore, fuori nel corridoio, che mi ricorda
qualche film... Un brivido ghiacciato mi attraversa il corpo come una scossa elettrica e mi sembra

che mi si arricciano anche i punti attorno alla ferita.

– Perché... non ci sono i carabinieri, davanti alla porta?

– Io non ho visto nessuno... Anzi, non c'è nessuno. Sono le sette, siamo fuori orario per le visi-
te, sono venuta adesso proprio per questo. Che
c'entrano i carabinieri?

Sarà l'espressione che devo avere in faccia, ma
comincia a spaventarsi anche lei. Non penso neanche un minuto che la Longhi abbia minacciato a
vuoto o che si sia dimenticata di mandarli. Se i cugini non ci sono o non ci sono piú, ci deve essere
un motivo. Io e Nikita ci guardiamo in silenzio,
cosí in silenzio che sentiamo di nuovo il plic plic
della flebo e i passi del corridoio. Che non sono
ancora il tac tac del cuoio dei cc.

Nikita scatta come una molla, si avvicina alla
porta e la apre appena. Quando la richiude è pal-
lidissima e ha gli occhi sbarrati.

– Zanardi! – dice. – C'è il cristone col codino
in corridoio! Sta venendo qui!

Merda. Salto giú dal letto senza pensarci due
volte, perché ho troppa paura per sentire male.
Non mi chiedo chi cazzo è Codino e cosa cazzo
viene a fare qui... piuttosto, cerco la pistola nell'armadio, ma, ovvio, la stronza me l'ha sequestrata e
c'è solo la fondina che penzola vuota attaccata a
una gruccia.

– Andiamo via! – sussurra Nikita, sulla porta
del bagno, poi, visto che non mi muovo, mi corre
vicino e afferra una bracciata dei miei vestiti. Mi
tira per una bretella della canottiera, spogliando-
mi quasi e riusciamo a chiuderci nel gabinetto un
attimo prima che si apra la porta della stanza. Sia-

mo seduti tutti e due sulla tazza del cesso, io sopra e Nikita sotto. Tratteniamo il respiro nel metro quadrato di piastrellato bianco che odora di va-
rechina e di disinfettante. Oltre la porta di plasti-
china sottile, con una serratura che sembra quella
della casa di Barbie, si sente solo il silenzio. Poi un
sospiro, un fruscio di stoffa in movimento, il
creee dello sportello dell'armadio che si apre di
piú... e il cla-clac di un otturatore che si arma.
Merda. Lentamente la maniglia della porta del cesso si abbassa. Merda merda. Prima piano, una volta, poi due, piú forte, poi tre e quattro, con una
violenza che scuote tutta la porta. Nikita mi spinge giú dalle sue ginocchia, mi schiaccia i vestiti
contro il petto e sale sulla tazza del cesso. C'è una
finestra, sopra, abbastanza grande da passarci e la
spalanca, mentre io guardo la porticina di plastica
che si deforma attorno alla serratura sotto una serie di tonfi pesanti che sembrano calci.
    – Dài, cazzo!
    Nikita è già fuori dalla finestra e io la seguo. Mi
appoggio col torace al davanzale per salire sul cornicione e la ferita mi fa un male cosí caino che lo
sento fino nella punta delle dita. Ma esco anch'io.
Lí, sdraiato sul davanzale come una lucertola, salvo le scarpe e i calzoni ma perdo i calzini e la camicia, che fluttua nel vuoto come un gabbiano,
planando nel cortile di cemento, cinque piani piú
sotto.
    Nikita mi guarda, sul volto un'espressione tipo:
e adesso?, perché non siamo su un cornicione, ma
su un davanzale lungo e stretto, che tocca la finestrella del cesso e quella della mia camera, dove
Codino sta sfondando a calci la porta di plastica,
con minimo un cannone in mano e il colpo in can-

na. Questa volta sono io ad avere l'idea giusta.
Striscio accanto a Nikita, davanti alla finestra della mia camera, con una scarpa in mano, aspetto che
Codino sfondi la porta ed entri nel cesso e allora
rompo il vetro. Saltiamo dentro tutti e due proprio mentre Codino si affaccia al davanzale e schiz-
ziamo nel corridoio. Culo, c'è l'ascensore aperto.
Ci saltiamo dentro sbattendo contro lo specchio
interno, per lo slancio, e Nikita schiaccia il pulsante dell'ultimo piano. L'ascensore si chiude sulla faccia di Codino che appare per un momento
nella striscia sottile di spazio lasciato dalle porte.
Ne vedo solo un occhio, prima di cominciare a
scendere ed è un occhio che mi fa paura.

Nikita schiaccia il pulsante dell'ALT e io sobbal-
zo, perdendo quasi l'equilibrio perché mi sto infi-
lando i calzoni e sono su una gamba sola. Schiaccia il pulsante del pianterreno, aspetta qualche secondo e poi rischiaccia quello dell'ultimo piano.
Inutile, perché Codino sarà un po' confuso da tutto questo su e giú, ma prima o poi lo capisce dove
andiamo e ci aspetta all'uscita. Invece no. Nikita
aspetta di passare davanti alla porta del terzo piano, poi blocca l'ascensore e comincia a tirare nelle porte scorrevoli. L'aiuto, riusciamo ad aprirle,
apriamo la porta del piano e via di corsa, giú per
le scale. Codino, lo sentiamo chiaramente, è sulle
scale anche lui, ma sta correndo di sopra, il coglione.

Fuori, nell'atrio dell'ospedale, mi guardo attorno, senza sapere cosa fare. Vedo le luci del posto
di polizia, oltre alle saracinesche abbassate dell'edi-
cola e vedo Nikita che sta correndo dalla parte opposta, verso l'uscita. Faccio un passo di qua e un
passo di là, poi giro sui tacchi e vado dietro a Niki-

ta. Esco nel parcheggio, dove la vedo salire su una
Due cavalli azzurra che va in moto con uno starnuto. Ci salto dentro anch'io, chiudo lo sportello
con uno schianto, mi appoggio sul sedile, sospiro,
poi mi tocco la pancia con una mano, sento che sono tutto bagnato e svengo.

Polizia di Stato, Ufficio Criminalità Organizzata.

OGGETTO: *intercettazione telefonica n. 235 del 22.04.94 nei confronti di Mazzarà Michele (in atti meglio generalizzato) conversante con Onofrio Germano (idem).*

Autorizzazione sost. proc. dott. Lanzano (Direzione Distrettuale Antimafia).

Mazzarà Michele: – Pronto? Non si sente un cazzo, con questo telefono... Oggí, ci stai?

Onofrio Germano: – Ci sto, ci sto... non urlare che ti sento...

Mazzarà Michele: – Ma chi cazzo l'ha fatto quel casino? Dimmi solo chi cazzo l'ha fatto!

Onofrio Germano: – La colpa è stata tutta del ragioniere, che era notoriamente una testa di cazzo e si è messo a dare il codice del suo programma di contabilità col telefonino. Tra i tanti scanneristi che l'hanno sentito c'era mio cugino Psycho, che ha riconosciuto la voce del ragioniere e si è dato da fare per entrargli nel computer e copiargli la contabilità...

Mazzarà Michele: – Cose da pazzi! Cose da pazzi!

Onofrio Germano: – Già... ma so io come curarlo, il pazzo, Miché, stai tranquillo... sta già chiuso in manicomio. Comunque, il piccolo Psycho si è inculato duecento milioni nostri suc-

chiandoli dal conto corrente della Bella Napoli...
Poi, visto il casino che è successo si è cagato in mano e ha provato a restituire i soldi nel modo piú
stupido che c'è... con un pony.

Mazzarà Michele: – Niente è abbastanza stupido per chi è stupido nella testa... Oggí, non sento
piú un cazzo, parla forte pure tu...

Onofrio Germano: – Ho detto e adesso? Che si
fa, adesso?

Mazzarà Michele: – Che cazzo vuoi fare? Don
Masino ha chiesto un incontro tra le parti in questione, per ragionare, dice...

Onofrio Germano: – Cazzate. Io dico che si
continua... Tanto prima o poi doveva succedere
perché quel po' di coca che gira nel quartiere non
ci bastava piú, lo sai... E allora, finché abbiamo
ancora un santo che ci protegge in Paradiso, spazziamo via i catanesi e ci prendiamo tutto il traffico che arriva al Mercato ortofrutticolo con i TIR
che caricano negli autogrill sull'autostrada.

Mazzarà Michele: – Sí, bravo... e don Masino?

Onofrio Germano: – Dopo pensiamo pure a lui
e ai corleonesi...

Mazzarà Michele: – E come no... pensa piuttosto a finire il lavoro con quella testa di minchia di
poliziotto e a recuperare i soldi dalla ragazzina...
Oh, ma che minchia c'ha 'sto telefono che frigge?
Non si sente piú un cazzo...

INTERCETTAZIONE INTERROTTA. TRASMETTERE
QUANTO PRIMA A DOTT. LANZANO, TEMPORANEAMENTE FUORI UFFICIO CAUSA RECUPERO FERIE PASQUALI.

Capitolo XI.

Mi brucia la pancia. Mi sento appiccicato e ho la faccia unta e sudata, come se avessi dormito.
– Devo aver dormito...
– Non hai dormito, sei svenuto.
Nikita guida con le braccia tese, gli occhi fissi sulla strada e una smorfia concentrata. Gratta tutte le volte che cambia e con una Due cavalli non è facile.
– Be'... mi sembra normale, – dico, – con un buco nella pancia.
– Non è un buco. Ci ho guardato prima, quando mi sono fermata per medicarti... Avevi ragione tu, è poco piú di un graffio.
Graffio un cazzo, è una coltellata. Comunque, metto una mano sotto la canottiera e sento che c'è un fazzoletto piegato sulla ferita. Evito di guardare, perché già sento l'aria che mi frizza attorno solo a pensarci. Potere della suggestione, però sento già che mi fa meno male. Guardo fuori dal finestrino, i fari della tangenziale ci scorrono accanto e cominciano a ingiallirsi, perché è quasi sera.
– Dove andiamo? – chiedo.
– A casa di Massimo.
Massimo? Ah sí, il frocetto... il frocetto un cavolo.
– Senti, Simona... Nikita... posso farti una domanda personale?

– No.

– Ohè... che cazzo hai? Sei arrabbiata?

– Arrabbiata? – urla lei per coprire il casino del motore che ulula, imballato. – Arrabbiata? Ma ti rendi conto della situazione in cui siamo? Di' un po', cazzo, te ne rendi conto?

Me ne rendo conto, all'improvviso. Sarà stato il rilassamento del risveglio o la ferita che mi fa meno male, ma fino a quel momento non ci avevo pensato. Minchia: sono scappato! Sono scappato da Codino ma anche dalla Longhi e cosí adesso sono un latitante, cazzo! Io! Io, che sono un sovrintendente della Polizia di Stato... io, che ho passato tutti questi anni a farmi un culo cosí tra tossici, marocchini, travestiti, puttane e yogurt ai mirtilli... io, porca puttana troia, mi trovo a essere latitante, LATITANTE, Cristo! Non è possibile... non è giusto...

– Questa ha le palle... – gemo.

– Smettila, per favore...

Io... non so piú cosa fare. Mi sento perso. Mi sento male addirittura. Io sono un poliziotto, Cristo Dio, un poliziotto... io inseguo, non scappo.

– No, davvero, questa ha le palle...

– Basta, porco zio! Ma allora davvero non capisci un cazzo! Pensi solo a te stesso e non ti rendi conto che siamo nella merda? Se hanno mandato qualcuno ad ammazzarti vuol dire che sanno tutto del pacco con i soldi, sanno tutto di te e anche di me, cazzo! E come fanno a saperlo? Io non l'ho detto a nessuno!

– Neanch'io... – inizio, ma mi fermo subito. Non è vero che non l'ho detto a nessuno. Quella troia della Longhi. Mi viene da incassare addirittura la testa tra le spalle per la sensazione di freddo che mi

prende all'improvviso. Non è possibile, un magistrato, cazzo, un piemme, un sostituto proc., anche se donna... e la coltellata che mi sono beccato
nella pancia? Proprio poco dopo che ne avevo par-
lato con lei... vaffanculo, ci sarà stata una fuga di
notizie. E i carabinieri? I cugini che mi dovevano
sorvegliare e che non c'erano? Chi li ha tolti? Porca puttana... sono cosí sconvolto che lo dico a Nikita, di slancio, senza prepararla neppure.

Lei ferma la macchina con un colpo di tallone
cosí forte che devo mettere le mani sul cruscotto
per non dare una musata contro il parabrezza. Si
volta verso di me, mentre ancora la Due cavalli
striscia sulla strada, le ruote bloccate e i freni che
urlano, e alza un pugno. Mi copro la pancia, perché da una sua occhiata mi sembra che stia mi-
rando alla ferita, invece cambia idea, devia il gomito e mi tira un cazzotto nella faccia. Poi mi guarda, piega in giú gli angoli della bocca, sporge in
avanti il labbro di sotto e si mette a piangere, appoggiando la fronte sul volante. Io mando giú un
po' di saliva addolcita dal sangue e mi sento una
gengiva con la punta della lingua.

– Dài su, Simona... non mi hai fatto niente...
quasi niente.

– Vaffanculo... – singhiozza lei, – non sto piangendo per te, piango per me... se potessi ti spare-
rei, cristo! Le hai detto tutto! Anche di me!

– Che cazzo, Simona... era un magistrato! Io
ancora non ci credo che...

– Bravo, non ci credere! Chiedilo a Zanardi,
quando ci avrà trovato, chi gli ha fatto la soffiata!
Merda, io lo sapevo che facevo male a venire alla
polizia! Quello stronzo di Massimo, cazzo! Male-
detto il giorno che l'ho incontrato! – Guarda in

avanti, le guance le si gonfiano a ogni respiro, proprio come i bambini. – Io voglio solo restituire i
soldi. Dimmi a chi li devo dare e io glieli do.

– Simona... Nikita, ragiona un attimo...

– No, – scuote la testa, gli occhi stretti come i
bambini, proprio, – no, io non ragiono. Sono della mafia i soldi e io li do alla mafia.

Allungo una mano per accarezzarle la schiena e
intanto dico: – Senti, Simona... – ma lei si rivolta
come se volesse mordermi.

– Non mi toccare! E chiamami Nikita! E dimmi a chi devo dare i soldi!

– E che cazzo ne so ?! ? Alla mafia, alla mafia...
chi cazzo credi che sia la mafia, uno che sta seduto su una sedia e aspetta che lo chiami tu? Come
lo trovi un mafioso, metti un annuncio sul «Bo»,
A.A.A. mafioso cercasi ? e poi, che mafioso? I corleonesi? I catanesi? Le cosche nuove del Pilastro
e della Barca? La Camorra? Eh?

Ho urlato anch'io, me ne accorgo dalla gola secca. E ho fatto bene, perché Nikita mi guarda tor-
va, cattiva, ma un po' piú calma.

– Devi dirmelo tu. Sei un poliziotto, no?

Sospiro, stringendomi nelle spalle.

– Sí, certo... ma io è un anno e mezzo che sto
allo spaccio. E anche prima, non è che ne sapessi
un granché sulla criminalità organizzata...

Nikita annuisce, con un sorriso tirato sulle labbra. Ingrana la prima e gratta.

– Bene, – mormora, – il mio solito culo. Ho beccato te che sei il poliziotto meno informato della
Questura. E se cerchi di informarti ti arrestano
pure. Complimenti, Simona, davvero...

Non parlo, perché ha ragione. Me ne sto zitto,
schiacciato contro l'angolo del sedile e dico solo:

– Attenta allo stop, – perché mi sembra che arrivi lunga con la frenata. Donne al volante, cristo...

Privato Cittadino Curioso.
Intercettazione casuale con scanner di conversazioni telefo-
niche cellulari tra sconosciuti.
Nessuna autorizzazione (punibile ai sensi di legge).

A: – So soltanto quello che ha detto il poliziotto, nient'altro... La ragazza ha i soldi spariti e un
dischetto che dovrebbe spiegare tutto. Trovarli sono affari vostri... io ho fatto di tutto per facilitar-
vi il compito, anche richiamare i carabinieri dal-
l'ospedale...

B: – E io li avevo trovati, infatti, ma sono scap-
pati. Ridammi l'indirizzo...

A: – È la seconda volta, O. G., non mi chiamare
piú.

B: – Chiamo quanto mi pare, come fai tu quando ti serve la roba.

A: – Vaffanculo... ségnatelo: Stanzani Simona,
via Calvart 21, e Coliandro Marco, via Lanzarini
8. La ragazza è stata sotto controllo per un po' per
una presunta storia di fumo, una sciocchezza, però
sappiamo che ha una Due cavalli azzurra targata
BO 457832. E che dorme spesso da un amico, Ro-
vagnati Massimo. Segna anche questo: via XXI
Aprile 4. Ti basta, adesso?

Capitolo XII.

– Qui almeno siamo al sicuro e abbiamo un tetto sulla testa.

Nikita apre la portiera della Due cavalli e poi
si gira a guardarmi, perché io sono rimasto fermo sul mio sedile. Avendo perso parte del ve-
stiario sul cornicione dell'ospedale, porto la giacca sulla canottiera e le scarpe senza calzini e mi
tira un po' il culo andare in giro vestito come un
albanese. Non che me ne freghi molto, ma visto
il probabile mandato di cattura spiccato nei confronti del sottoscritto è meglio che eviti di farmi notare. Nella stradina, poi, un po' di gente
c'è... C'è l'ortolano sulla porta del negozio, due
signore che aspettano il tram e un tipo che legge il giornale, appoggiato al culo di una Honda
Civic, venti metri piú avanti lungo il marciapiede.

– Parcheggia piú in là, – dico, – c'è un posto proprio davanti alla porta.

– Sí, ma è stretto e io non so fare bene mano-
vra. Dài, che non ti vede nessuno...

Sospiro e scivolo sull'altro sedile, sbattendo la
testa contro il tettuccio quando cerco di evitare
che mi si infili il cambio nel culo. Sento Nikita che
parla, tra i denti.

– Forse hai ragione... c'è la vecchia del primo

piano alla finestra e quella non si fa mai i cazzi
suoi.

Neanche stavolta, infatti, perché mentre infilo
le chiavi nel cruscotto alzo la testa e nella fessura
della capote che ho socchiuso con la zuccata vedo
una befana affacciata alla finestra.

– Buonasera, Simona, come sta?

– Bene, bene... – borbotta Nikita senza guardarla, se no mi immagino che parta a raccontarle
del suo mal di schiena. Giro la chiave e la Due cavalli tossisce, tru tru tru, dura da mettersi in moto.

– L'aspettano di sopra... – dice la vecchia. Io giro ancora la chiave, tru tru tru... poi realizzo e mi
fermo.

– Hanno chiesto dove sta e sono saliti, – la sento che dice, – i carabinieri... che strani che sono
anche loro, oggi, eh? In borghese, l'orecchino, i
capelli con la coda...

Nikita è irrigidita, la mano ancora sullo sportello, e io pure, le dita attorno alla chiave. L'unico che si è mosso è il tipo col giornale, che l'ha abbassato e ha infilato la mano sotto la giacca... È
un caso? No, cazzo, ha una pistola.

Tru, tru, vrooom... Metto in moto con un colpo secco del polso che mi fa anche piegare la chia-
vetta e parto, schiacciando l'acceleratore. Il tipo
guarda ancora Nikita e ha appena alzato la pistola che gli piombo addosso, sbattendolo contro la
Honda come Clint Eastwood in *Scommessa con la
morte*, bestiale. Ho poca rincorsa ma abbastanza
da schiacciare tutto il muso della Due cavalli sulle gambe del tipo che urla e si piega sul cofano,
mentre io batto un'altra zuccata contro il parabrezza. Salto fuori dalla macchina mezzo intonti-

to e tiro su Nikita, che era attaccata alla portiera quando sono partito ed è volata per terra.

– Dài, dài... – urlo, – dobbiamo andarcene di qui!

La Due cavalli è morta e forse anche il tipo del giornale, che non si muove piú. Non sto a chiedermelo, perché nella stradina urlano tutti, ortolano, donne del tram e befana alla finestra. La Honda, invece, è soltanto un po' ammaccata nel culo e il colpo le ha spalancato una portiera. Ci infilo dentro Nikita, schiacciandole la testa con la mano come si fa con i fermati quando si caricano sulle volanti e salgo anch'io. Se era aperta, forse ci sono anche le chiavi nel cruscotto, cosí striscio la mano sotto lo sterzo e culo... culo un cazzo, non ci sono.

– Merda, – ringhio. Nikita capisce al volo, mi si sdraia sulle ginocchia piantandomi un gomito tra le palle, e strappa i fili da sotto il volante.

– Dài gas, dài gas... – mi dice e io do gas, cazzo, e parto, staccandomi dal marciapiede proprio nel momento in cui Codino, bastardo, esce di corsa in mezzo alla strada. Ha la pistola in mano, lo stronzo e ce la punta addosso e io penso che non può essere tanto scemo da mettersi a sparare cosí, di giorno e nel centro di Bologna e infatti non è scemo, è matto, perché lascia partire una raffica che mi fa esplodere il lunotto posteriore. Sento una palla che mi striscia sulla punta dell'orecchio, calda e ronzante, prima di bucare con un foro netto e rotondo il vetro davanti. Mi schiaccio Nikita sulle gambe, tenendola giú con il braccio, spingo l'acceleratore per quanto posso e giro alla prima, per non beccarmi un'altra raffica di quel figlio di puttana. La prima è un senso unico strettissimo e devo salire sul marciapiede per non sfasciarmi contro un BMW che viene dalla parte opposta. Ci resto, sul marciapiede, per evitare una Volvo Station wagon e poi un'Espace, tutte auto grandi, cazzo... ma appena arriva un Apecar scendo e lo mando a sbattere contro un portone. Esco dalla strada, attraverso i viali col rosso e mi infilo lungo la via Emilia, lasciandomi alle spalle l'urlo di almeno una decina di clacson. Ho guidato come Holer Togni al Motorshow, minchia.

Nikita geme e sento che si divincola, sulle mie gambe.

– Simona, cazzo... ti hanno colpito?

– No, scemo, sei tu... togli il braccio che mi strozzi.

Si alza, massaggiandosi sotto il mento.

– Adesso siamo proprio nella merda, – mormora e io penso: perché, prima no? Tra l'altro, comincia a farsi davvero buio e io, sarà lo stress, sarà la ferita, ma comincio a sentirmi davvero stanco. Faccio fatica a tenere gli occhi aperti.

– Dove andiamo? – chiede Nikita.

– Dritto, – dico io, – finché non ci viene in mente qualcosa, – e lei non ribatte, segno che deve essere distrutta almeno quanto me. Intanto passo davanti al cimitero dei Polacchi e rallento, perché c'è una pattuglia dei carabinieri ferma dalla mia parte ed essere fermato dai cugini in questo momento sarebbe proprio una brutta sfiga. Il brigadiere mi guarda, la paletta che batte nervosa sugli stivali, ma non si muove. Fortuna che non si accorge del lunotto posteriore sbriciolato, che visto dallo specchietto retrovisore, con gli spuntoni di vetro a raggiera, sembra sorridere come una bocca sdentata che sbadiglia.

Sbadiglio anch'io, subito seguito da Nikita, per contagio.

– Dobbiamo fermarci, – dico. – Qua, o ci fermano o ci schiantiamo contro un albero perché mi viene un colpo di sonno.

– Bravo... e dove andiamo? A casa tua?

– No, cazzo... là ci saranno tutti.

– Infatti... casa mia pure e casa di Massimo idem. Ce l'hai un amico fidato?

– Sí... cioè no... cioè, quelli che conosco sono tutti poliziotti e io sono un latitante. Non lo so come si comportano.

– Io invece di amici ne ho, ma chi lo sa se sono sotto sorveglianza? Cazzo, quelli che ci cercano sembrano sapere tutto! Un albergo... ma non un albergo normale, quelli per le puttane, che non chiedono i documenti...

Sorrido, lanciandole un'occhiata rapida.

– Guarda che succede solo nei film che non vogliono i documenti... e poi è proprio da lí che vengono le soffiate sugli sfigati come noi.

Sfigati, è proprio la parola giusta. Io, poi... sono ricercato, disarmato e vestito come un albanese in una Civic senza lunotto con un motore che sembra truccato da quanto risponde bene e devo andare ai cinquanta per non farmi fermare. No, in tutta l'Italia c'è solo una persona che ci può aiutare e facevo bene ad aspettare quella, fin dal primo momento, invece di cacciarmi nei guai. Anche se adesso chissà dove cazzo è.

– Il dottor Malerba, il sostituto procuratore antimafia, – dico, come se parlassi da solo. – Quello ci ascolta, ci crede e provvede.

– Sí, come Dio... se vuoi andarci fallo. Io mi nascondo e tu ci vai e se esci vivo mi vieni a prende-

re. No, senti, dobbiamo fermarci... io sono cosí
stanca che non riesco a pensare. Volta lí.

Lí non c'è niente, solo una stradina che costeg-
gia il parco alberato di una villa, ma ci volto lo stesso, istintivamente, senza freccia. Sembra di essere in campagna perché la stradina diventa sterra-
ta e imboscatissima, al limite di un vigneto. Mi
fermo in un buio silenzioso e quasi totale, finché
Nikita non alza una mano e accende la luce interna della macchina.

– E adesso? – chiedo.

– Adesso niente, – dice lei. – Abbassiamo i se-
dili e dormiamo. Non hai mai dormito in macchina?

No, ma dico di sí lo stesso, anche se la cosa mi
prende male. Nikita, invece, tira su i piedi sul sedile e comincia a slacciarsi quei cazzo di anfibi.

– Mi sembra di essere tornata a qualche anno
fa, – dice, allegra, – quando andavamo a Rimini,
d'estate, ci facevamo un dritto di tre giorni col ple-
gine e appena arrivava il down dormivamo nella
Golf di Vopo. Mi sono fatta certe dormite... meglio che a casa.

Si sfila gli scarponi e li getta sul pianale di dietro, poi tira giú il sedile fino in fondo e si stende
sulla schiena. Io sono ancora fermo, le mani sul volante, e la vedo che mi guarda.

– Be'? – dice. – Non vieni? – Poi corruga la
fronte e si alza su un gomito.

– Ohè... – dice, dura, – intendiamoci: io voglio
dormire. Non ti mettere in testa delle idee strane...

– Cazzo dici, quali idee... no, no, io? Per carità...

Giro la rotellina del ribaltabile, evitando di

guardarla, e mi stendo anch'io sulla schiena. Lei alza una gamba e spegne la luce col dito di un piede.

– Buonanotte, – dice.

– Buonanotte, – dico io. La sento che si gira da una parte, poi dall'altra e poi vedo la sua sagoma scura che si alza di nuovo sul gomito.

– Non ci riesco a dormire coi vestiti, – dice, – non ci riuscivo neanche allora.

– Togliteli, – dico, un po' roco.

– Mi prometti...

– Sí, sí, te lo prometto, basta che la smetti di rompere i coglioni. Anch'io voglio dormire, cazzo.

Lei dice mm-mm, poco convinta, però si alza a sedere e si sfila la maglia, incrociando le braccia sul petto e sollevandole sopra la testa. Io resto rigido a fissare il soffitto, ma con la coda dell'occhio vedo l'ombra scura del reggiseno sulla sua pelle schiarita dal riflesso di quel poco di luna che c'è. Nikita esita, con un sospiro, poi inarca la schiena, staccando il culo dal sedile e comincia a scalciare per liberarsi della gonna e delle calze a rete. Vedo anche la striscia nera delle mutandine, sempre con la coda dell'occhio. Ancora un po' e mi viene uno strappo al nervo ottico che mi lascia strabico per tutta la vita.

– Sei a posto? – chiedo, perché lei non si decide a stendersi. Si copre le spalle, invece, con le mani.

– No che non sono a posto, – dice, – cosí nuda e senza il vetro fa un freddo della madonna.

Apro le braccia.

– Vieni qua.

– Sei matto.

– No, – dico, – io ho sempre caldo e sono peggio di un termosifone. Vieni qua, ci abbracciamo
e dormiamo da bravi amici –. Ici mi esce un po'
greve e devo schiarirmi la gola per riuscire a dire:
– Se no fa' come cazzo ti pare, – senza sembrare
un lupo mannaro.

– Mani a posto? – dice lei.

– Vaffanculo, – dico io.

– Niente idee strane?

– Vaffanculo.

– Allora togliti la giacca, che la usiamo come coperta.

Mi sfilo la giacca con un sospiro e mi ritrovo
Nikita tra le braccia, il suo odore dolce e forte, la
pelle liscia e fresca delle sue gambe che mi striscia
sui calzoni, la spallina ruvida del reggiseno che mi
sfiora il mento, le sue labbra calde che mi soffia-
no nell'orecchio... minchia. Resto irrigidito come
un baccalà, con la giacca in mano.

– Cos'è questo? – chiede lei, tirandosi indietro
con uno scatto.

– È la cintura...

– No, non è la cintura, questa... fammi tornare
nel mio sedile!

– Cazzo, Nikita, va bene... non sono fatto di
ferro. È una reazione fisiologica, cristo! Ma non
sono un animale, ti ho detto che mi controllo e mi
controllo. Abbiamo detto che siamo amici e basta?
E allora siamo amici... e basta –. Merda.

Lei mormora: – Scusami, – e mi appoggia la testa su una spalla, mentre io le copro la schiena nuda con la giacca. Tira su una gamba sulla mia pancia per stare sotto la stoffa e io approfitto del fatto che mi sfiora la ferita per mettere giú una mano
e sistemarmi meglio, ma piú sotto. Poi, Nikita sol-

leva il mento e mi bacia rapidamente su una guancia. Sussurra: – Buonanotte, ispettore Callaghan –. Mi stringe per un attimo e si rilassa, chiudendo gli occhi, con un sospiro. Dorme tutta la notte come un sasso, la stronza.

Io no.

«*Sabato Sera – Settimanale del Comprensorio Imolese*»
IL GIORNO DEL LUPO – INTERVISTA CON DON TOMMASO CA-
LANDRA
di Carlo Lucarelli (continua in cronaca alle pp. 21-22)

La casa di don Masino potrebbe essere una delle tante della Bassa, a metà tra una villa e un casolare, con i nanetti e le ruote da carro sul muro
di cinta... se non fosse per l'uomo seduto davanti
al cancello che ha un walkie-talkie sulle ginocchia.
È lui a farmi aprire la porta appena comunica il
mio nome con la trasmittente e io parcheggio
nell'aia, dove un cane alla catena si strozza per
sfiorarmi la macchina con il muso, come tutti i
pointer imbastarditi dei casolari. Solo che questo
è un dobermann.

– Don Masino l'aspetta nella veranda, – mi dice un giovanotto in giacca e cravatta. Sto per dar-
gli il registratore perché mi aspetto che mi per-
quisisca e invece no, cosí tengo il microrecorder in
tasca e lo accendo, anche. – Non è piú fresco e si
può stare fuori. Qui in primavera è piú caldo che
da noi.

– Già, – dico, ricordandomi di un articolo che
ho fatto l'anno scorso e che rifarò anche quest'anno, – d'estate bruciano anche i pagliai, dal caldo.

– Succede, se non si sta alle regole.

– Quali regole?

– Quelle dell'agraria. Le insegnano anche all'università.

Dietro l'angolo della casa, sotto un pergolato di foglie di vite, c'è un vecchio in ciabatte, seduto su una sedia di paglia, che sembra appena uscito da una scena siciliana del *Padrino*. Il giovanotto alto deve aver notato il mio sguardo, perché mi dice: – Quello è il padrone del casolare, che è nato e vissuto a Medicina. Le presento don Masino...

Non avevo notato il tizio che stava uscendo dalla villa, atletico e abbronzato, in magliettina polo, i capelli grigi tagliati a spazzola. Sembra piú un amministratore delegato della Fininvest che un mafioso, ma don Masino, lo so bene, è il figlio di don Gaetano, che a sua volta è cugino di Totò Riina, cosí ecco che mi trovo davanti al referente dei corleonesi per l'Emilia Romagna. Mi correggo: al presunto referente dei corleonesi. Don Masino mi tende la mano, scrocchiandomi le dita in una stretta forte, da sportivo.

– Lieto di conoscerla, signor Lucarelli. Non ha fatto colazione, vero? Prenda uno dei babà che mi mandano direttamente dal paese... a me non piacciono, ma glieli consiglio. Tè o caffè?

– Caffè, grazie.

– Sembra che ne abbia bisogno. Salvatore mi ha detto che aveva la televisione accesa quando le ha telefonato per la conferma dell'incontro e di nuovo devo scusarmi per l'ora tarda. Qualcosa di buono?

– Un film, sul terzo canale. *Il giorno della civetta*.

Don Masino sorride, mentre fa un cenno al giovanotto che mi versa un caffè.

– Non è vero, lei lo dice per provocarmi. C'era *Vacanze di Natale Due*, ieri sera, ero sveglio anch'io. Ma ha ragione lei, anch'io avrei preferito *Il giorno della civetta*. Gran film... ma superato, purtroppo. Se lo ricorda? Uomini, ominicchi, quaquaraquà... sono cose che non esistono.

– Come la mafia?

– No, per carità... questa è una cosa che non dicono piú neanche i mafiosi. La mafia esiste, certo... solo, non è piú quella di una volta. Adesso ci sono mafiosi diversi...

– Che sembrano uomini d'affari.

Don Masino sorride ancora, segno che mi concede anche questa.

– Magari ce ne fossero di quelli. Gli affari fanno bene all'Italia e bisognerebbe parlare piú di lavoro e meno di mafia, come dice il sindaco di Milano. No, adesso ci sono i lupi... anche gli ominicchi e i quaquaraquà ora hanno messo i denti e sparano. Ecco, se avesse dovuto scriverlo adesso il suo libro, quel brav'uomo di Sciascia avrebbe dovuto chiamarlo *Il giorno del lupo*, altro che della civetta. Questa è gente priva del minimo senso...

– Dell'onore?

Don Masino non sorride piú. È ora di smetterla e di ascoltare.

– Della discrezione. Banditi, gangster che suppliscono con la ferocia alla mancanza di professionalità e di organizzazione, fidandosi di quella strana impunità magica che finora li ha assistiti. Gente che spara per le briciole, che vuole tutto e subito e non ha rispetto per nessuno. Lupi... e basta. Sa perché ho accettato la sua intervista?

– Perché?

– Perché lei mi sembra un ragazzo che capisce e
sa cosa si deve scrivere e cosa no. E perché un giornale di provincia mi sembra il mezzo piú adatto
per lanciare certi messaggi senza far cadere il giornalista nella tentazione dello scoop. Cosí, senza
starci a girare attorno, le farò una dichiarazione
ufficiale, che può mettere tra virgolette, e una ufficiosa... ci penserà poi lei a metterla giú con le parole giuste, come se lo avesse capito da solo. Quella ufficiale: amo questa regione, amo la sua gente,
sono un imprenditore che lavora, pago le tasse e
tutte le voci sul mio conto che riguardano la mafia sono solo calunnie. Quella ufficiosa: c'è una
guerra in corso, se ne sarà accorto, ma non una
guerra tra stati, di quelle che fanno guadagnare gli
industriali... una guerra civile. E le guerre civili
non vanno bene per gli affari. Meglio incontrarsi
e parlare, perché se non si viene a capo di una situazione simile, può essere che saltano fuori alcuni pettegolezzi che riguardano un certo santo in
Paradiso, un santo con la toga. Capisce cosa intendo?
– No.
– Non importa. C'è chi capirà. Non lo beve il
caffè? Fa bene. Succo d'arancia, la mattina, non
caffè. Dovrebbe giocare a tennis, come me, e mettersi a dieta. Buon lavoro giornalista. Lei sa cosa
scrivere.
E come no, don Masino. E per essere sicuro di
non sbagliare ho scritto tutto quello che mi ha detto. Va bene cosí?

Capitolo XIII.

Se mi sveglio vuol dire che almeno cinque minuti li ho dormiti. O forse anche meno, a giudicare da come mi sento di merda. Apro gli occhi di
colpo, non per il sole, che è ormai già alto e illu-
mina tutta la macchina. Nikita non c'è piú e la
giacca che ho addosso mi lega le braccia quando
provo a muoverle. Cerco di alzarmi, ma ho la
schiena della forma del sedile e non ci riesco. Non
posso neanche parlare, le labbra secche e la gola
che sembra murata da un blocco di cemento.

– Non c'è la mamma, è a casa. Ci sono io, qui –.
Nikita si affaccia al finestrino, mettendo la testa
dentro la macchina, sopra di me. Non mi ero accorto di essere riuscito a dire qualcosa. Ma davvero ho detto mamma?

– Hai una faccia che fa schifo, – dice Nikita e io
rispondo: – Anche tu, – ma non è vero. È arruffa-
ta e spettinata, ma ha gli occhi limpidi e la pelle fresca come dopo nove ore di sonno ed è probabile che
le abbia dormite davvero, le nove ore, la stronza.
Sento un ringhio cupo e cattivo che mi fa sollevare
dal sedile, nonostante la schiena. Il ricordo dei cani del ragioniere mi fa drizzare i capelli. Nikita sorride, piegando appena l'angolo della bocca.

– Non è un animale, sono io. È il mio stomaco.
Ho una fame della madonna.

– Andiamo a fare colazione.

– E con che? Nel portafogli hai in tutto duemi-
la lire e una scheda telefonica... non bastano neanche per due caffè.

Infatti, sul sedile accanto al mio c'è il mio portafogli, aperto, con la mia faccia nella foto del tesserino da poliziotto che mi guarda incazzata dalla
finestrella di plastica. Mi ricordo di quando l'ho
fatta, nella macchinetta automatica, e pensavo coraggio, fatti ammazzare, come Clint Eastwood, bestiale.

– Non mi piace che mi frughi nelle tasche... –
inizio, ma lei si stringe nelle spalle.

– Se avevi dei soldi a quest'ora ero già qui con
un paio di brioche e non dirmi che ti avrebbero
fatto schifo. Invece niente...

Mi stiro e faccio male. La ferita mi tira, appic-
cicata alla canottiera, e sembra che durante la notte qualcuno si sia divertito ad annodarmi tutti i
muscoli della schiena. Ho una fame della madonna anch'io, così mi guardo in giro. Abbasso la lu-
netta parasole, perché qualcuno, a volte, ci lascia
dei soldi e invece un cazzo. Nel pozzetto vuoto
della radio... solo un pezzo di cellofan appallotto-
lato che sembra la confezione di un panino che non
c'è più, merda. Il rombo che mi attorciglia lo stomaco è ancora più forte di quello di Nikita.

– Siamo proprio sfigati, – mormora, – non ci
può essere un po' di fortuna anche per noi? – e lo
dice così triste, la piccola, che ci rimango male.
Cerco di aprire il cruscotto, allora, ma è chiuso a
chiave.

– Ci stavo provando io quando ti sei svegliato,
– dice Nikita e mi porge un coltello a scatto lungo
come una baionetta. – L'ho trovato nella tasca del-

la portiera. Hai visto la punta annerita? Il padrone della macchina è uno che si fa le canne...

Frega un cazzo. Pianto il coltello nella fessura del cruscotto e tiro con un colpo secco. L'ho sempre pensato che la Civic non è cosí solida come sembra... Lo sportellino salta via di netto, staccandosi da un cardine, e si accende la lucina interna, che mi abbaglia per un secondo come un flash. Solo un secondo.

– Merda.

– Che c'è? – Nikita entra per metà dal finestrino, appoggiandosi alla mia spalla. Cosa c'è? C'è che nel cruscotto c'è il cannone piú grosso che abbia mai visto, una Colt 45 Grizzly a giudicare dalle dimensioni, la pistola piú potente del mondo.

– Cazzo, – mormoro tirandola fuori, – altro che canne, il tipo della macchina... – e mentre Nikita mi scuote per la spalla e dice: – 'fanculo la pistola, cerca i soldi, che ho fame, – a me viene in mente un'altra cosa. Vuoi vedere che abbiamo preso proprio la macchina di Codino? Il tipetto del giornale ci stava appoggiato sopra, va bene, però... giro il polso da una parte e dall'altra per guardare il telaio cromato. Niente numero di matricola, solo una strisciata piú chiara, segno che questa non è la pistola di un cittadino per bene amante dell'ordine e della difesa personale. E a meno che via XXI Aprile non sia peggio del Bronx, le probabilità che nella stessa strada, casualmente, ci fossero due criminali armati non sono poi molte. Mi infilo la pistola nella cintura e sotto il metallo freddo inarco la pancia con uno scatto che mi fa male alla ferita. Frugo nel cruscotto, tirando sul sedile tutto quello che c'è... scontrini dell'autostrada, cazzatine, una carta di Bologna, una pallina di carta stagnola... e il libretto di circolazione.

– Ehi, quello è fumo! – dice Nikita indicando la pallina che rotola sul sedile, – quello si può vendere!

– Lascia stare il fumo, – dico io, – questa è la macchina di Codino. La pistola non ha la matricola e le probabilità...

– Cazzo, è vero! – dice Nikita, che ha già capito tutto. Poi scuote la testa. – Non è la macchina di Codino... è la macchina che usava Codino. Chissà a chi l'hanno rubata...

È vero, merda. Apro il libretto e c'è l'indirizzo di una signora di Bologna, che a giudicare dalla via dovrebbe stare alla Barca. Negroni Zaira... sarà contenta di ritrovare la macchina. No, un momento... nata a San Giovanni in Persiceto il 26.03.1913. Sarà anche intestata alla signora Zaira, ma a 81 anni non la guida di certo lei, la macchina.

– E se fosse davvero quella di Codino? – mormoro, battendomi il libretto sulle labbra. – Non sarebbe la prima volta che succede... guarda quel poveraccio che si è beccato un colpo in fronte perché stava prendendo la targa di una macchina durante una rapina. E poi... il cruscotto era chiuso a chiave e le chiavi del cruscotto sono una cosa talmente idiota che di solito ce le ha solo il padrone della macchina...

La presa di Nikita sulla mia spalla si allenta. Ha il volto vicino alla mia testa, quasi sull'orecchio, e sento il rumore umido della sua guancia che si sta facendo sbranare dai denti.

– Forse hai ragione. Che idea... mi stupisce che l'abbia avuta tu.

– Sí, stupisce anche me, – dico, istintivamente,
poi mi incazzo, ma sto zitto. Tocco la pistola e
minchia, sarò in canottiera e senza calzini e con la
faccia cosí unta che mi sembra una cotoletta im-
panata ma cazzo, ho una Grizzly alla cintura e porco zio, mi sento già meglio.

– Adesso tocca a noi, – dico, – possiamo andare a casa di Codino, prenderlo per un orecchio e
farci dire che cazzo sta succedendo.

– Tu sei scemo...

– No, – dico, – sono cattivo, incazzato e stanco, – e ringhio, sordo, proprio come Clint in
Gunny, bestiale. Nikita tira indietro la testa e per
un attimo sembra colpita, quasi spaventata. Poi alza gli occhi al cielo e sospira.

– Tu sei scemo, – dice, – andiamo a vendere il
fumo e facciamo colazione, va.

Da: SISDE – *Ufficio periferico (Bologna)* a: SISDE – *Ufficio centrale (Roma).*

Strettamente riservato.

OGGETTO: *trascrizione letterale della deposizione registrata rilasciata il 22.05.94 presso il Pronto Soccorso dell'Ospedale Civile di Modena da Literno Salvatore, detto Totò U'Tizzune, a dipendente nostro servizio.*

– Infame! Iddu curnutu du Mazzarà Michele! Nella panza me stutò! Iddu figghiu a buttana di pigghianculo! M'ammazzau!

– Uh, madonna... senta, io sono solo un infermiere qui... se ci vede qualcuno perdo il posto...

– Mi lasci lavorare e non si impicci... le ho dato un mucchio di soldi per questo, no? Ha detto che ci vuole almeno un minuto prima che si liberi la sala operatoria e arrivi il dottore... vada a fare un giro per un minuto e vedrà che quando torna non ci sarò piú. Totò... dimmelo a me, Totò, dimmi che è successo...

– Infame! Quell'infame gran curnutu... don Masino ha detto che ci potevamo incontrare in zona neutra a Modena da don Gaetano e che Mazzarà u'curnutu ci stava e ci potevamo chiarire e io ci sono andato mannaggia a me e mi sono portato solo Raffaele perché se don Masino dice che va bene mannaggia pure a lui allora va bene pure per me...

– E poi? Che è successo, Totò, dimmelo a me, dimmelo...

– E poi parliamo e io a Mazzarà gli dico che gli porto i saluti [*omissis*] e del cavalier [*omissis*] perché lo voglio impressionare e gli dico che le cose non sono cambiate anzi e che ognuno deve badare ai fatti suoi nelle zone sue e lui dice allora perché vi siete fregati i soldi di Martini che spettavano a noi e io che minchia dici che siete venuti voi ad ammazzare la mia gente nella zona mia e lui che minchia dici tu che avete dato fuoco a una delle nostre pizzerie matri santissima ho il fuoco nella pancia m'ammazzau!

– Calmo, Totò, calmo che adesso arriva il dottore... E poi? Va' avanti...

– E poi io mi incazzo e don Gaetano dice calmi calmi che siete a casa mia e lui me ne fotto che siamo a casa tua e poi iddu curnutu ha fatto un fischio e sono entrati quei due e iddu figghiu di troia col codino ha sparato nella bocca a Raffaele che il suo sangue mi è schizzato addosso e me lo sento ancora sulla faccia matri santissima e poi ha sparato pure a don Gaetano e io sono saltato dalla finestra nel giardino e sono inciampato su Mimmo il figlioccio di don Tano che gli avevano tagliato la gola e quando mi sono rialzato iddu curnutu du Mazzarà me stutò nella panza ma io gliel lo misi in culo e sono arrivato sulla strada e ho fermato la macchina dei carabinieri...

– Chi è lei? Cosa ci fa qui? Cos'è quel registratore? Cristo, ma non lo vede che quest'uomo sta male? Se ne vada subito o chiamo un poliziotto e la faccio buttare fuori a calci nel sedere...

Egr. Sig. Direttore,
che facciamo? La inoltriamo alla magistratura
competente?
Ossequi, c. l.

Da: SISDE – *Ufficio centrale (Roma) a:* SISDE – *Ufficio periferico (Bologna).*

Negativo.
Saluti, l. b.

Capitolo XIV.

Sono seduto su una cassa, a un angolo dell'incrocio, a testa bassa, le spalle incassate e i gomiti appoggiati alle ginocchia. Tengo le mani aperte sulla faccia, come se mi vergognassi, per due motivi. Primo: perché cosí posso guardare tra le dita la gente che passa senza farmi vedere da Codino, che mi ha visto come l'ho visto io, cioè di corsa, ma potrebbe anche riconoscermi. Secondo: perché in effetti mi vergogno come un ladro. Accanto a me, porca puttana troia, ho un cazzo di cartello fatto con il coperchio di una scatola di cartone trovata in un cassonetto. Sopra, a pennarello nero, Nikita ci ha scritto: VENGO DA BOSNIA MIEI FIGLI AFFAMATI NIENTE LAVORO GRAZIE...
Abbiamo mollato la Civic in un parcheggio appena fuori dalla Barca, perché, effettivamente, senza il vetro di dietro dava un po' nell'occhio, e siamo entrati nel quartiere a piedi. Nikita si è fermata sulla panchina di un parchetto, lo sguardo perso nel vuoto come una tossica, fissa un casermone azzurrino. La signora Negroni Zaira sta lí dentro, all'angolo del palazzo, proprio sull'incrocio della strada in cui il sottoscritto, travestito da slavo sfigato, sta sputtanando in una mattina sette anni di onorato servizio nella polizia. Spero solo che non passi qualcuno dell'Ufficio stranieri.

Non passa nessuno, invece, nessuno di interessante e cioè Codino o il tipo con i baffetti. Solo vecchiette che vanno a messa, bambini che vanno a scuola, uomini che vanno a lavorare e donne che vanno a fare la spesa. Io aspetto, la faccia tra le mani, e intanto mi ricordo di quello che mi diceva un collega della Mobile, che di delinquenti in giro per le strade del quartiere non ne vedi prima delle undici e mezzo, perché spacciatori, ladri e papponi, di solito, vanno a letto tardi. E infatti, sono le undici e mezzo in punto quando un tizio con la faccia da zingaro si accosta al marciapiede, abbassa il finestrino della Mercedes e mi dice che ripasserà la sera per prendersi il dieci per cento di quello che faccio e se sparisco mi rompe tutte e due le gambe. Stronzo.

Codino deve aver fatto molto tardi ieri notte, perché esce di casa soltanto all'una. Sto fissando le cinquemila di spiccioli che ho sul cartone, indeciso se chiamare Nikita e mandarla a comprare qualcosa nella latteria davanti, quando la sento che fischia dal parchetto alle mie spalle, alzo la testa e lo vedo, il bastardo, che attraversa il portico e infila la chiave in una Clio nera, lo sguardo un po' incazzato. Forse ha dormito male, lo stronzo...

Il piano è quello di fermarlo, infilargli la Grizzly in bocca e portarcelo via. Quando mi volto verso il parchetto, infatti, Nikita non c'è piú: è andata a sistemarsi sulla strada, poco prima dell'incrocio, e sta facendo l'autostop con uno sguardo da troia che, minchia, mi sarei fermato anch'io. Codino invece no, cazzo, non la guarda neanche e tira dritto, con un rombo che sembra quasi una pernacchia. Nikita mi lancia un'occhiata furiosa e disperata e io vorrei stringermi nelle spalle ma mi trattengo, perché la Clio di Codino si è appena fermata accanto a me, senza motivo... finché non mi ricordo che quello è un incrocio e mi accorgo che è rosso e dall'altra parte sta passando un tram. Allora, lampo di genio: mi sistemo meglio la pistola sotto la giacca, tiro fuori un fazzoletto e schizzo verso la Clio.

Vedo Codino che mi fa segno di no col dito, da dietro il vetro, ma io sorrido e gli piombo sulla macchina. Codino si incazza e spazza l'aria con il dito, furiosamente, mentre io, invece, gli spazzo il parabrezza col fazzoletto, che essendo secco glielo vela di polvere, merda di piccione e moscerini morti. Codino perde la testa, schiaccia l'abbassa-cristalli con un colpo incazzatissimo di dito e io infilo le mani nel finestrino, prendendolo per i capelli e piantandogli la Grizzly nella guancia.

– Coraggio, – ringhio, – fatti ammazzare... – come Clint, porco zio, bestiale, e ho i brividi cosí alti che sento addirittura freddo. Codino ansima, senza riuscire a parlare, la bocca spalancata. Vedo il sangue che gli sprizza dalla guancia, sotto il mirino della Colt, ma non mollo finché Nikita non è salita in macchina e non gli ha infilato una mano sotto il giubbotto, per sfilargli la pistola. È un'automatica e quando non ha il colpo in canna, per chi non sa usarla come Nikita, un'automatica è solo un pezzo di ferro. Ma questo il biondino non può saperlo e infatti se ne sta buono con le mani sul volante finché io non salto sul sedile di dietro e gli metto la Grizzly sotto il mento.

– Via dalla Barca, – gli dico, – calmo e tranquillo fino al Parco Nord, come se fossimo una famiglia in vacanza. Un gesto brusco e ti vola via la testa dal finestrino. Capito?

– Siete morti, – mormora Codino, senza muovere la macchina, e io gli schiaccio la pistola nel collo, strappandogli un colpo di tosse.

– Hai capito? Dimmi che hai capito... – sibilo.

– Ho capito, stronzo, – dice lui, – sto solo aspettando il verde. E comunque siete morti lo stesso.

Privato Cittadino Curioso.
Intercettazione casuale con scanner di conversazioni telefo-
niche cellulari tra sconosciuti.
Nessuna autorizzazione (punibile ai sensi di legge).

– Raffaele? Come sta Totò? Può parlare?

– Totò sta bene, don Masino, l'hanno operato ed è un po' svanito per l'anestesia, ma sta bene. Se vuole glielo passo.

– Raffaè... tu sei giovane, ma la prossima volta che mi chiami per nome al telefono, passi un guaio molto grosso. Mi hai capito?

– Sí, don Ma... signore. Le passo To... le passo lui.

– Totò? Totò, mi puoi sentire bene?

– Sí, sí... ti sento.

– Totò... Totò, devi fare l'infame.

– Minchia, no... preferivo essere morto, allora!

– Totò... lo sai che puoi essere accontentato subito, vero?

– Lo so, lo so... 'fanculo a iddu curnutu...

– Ci andrà a fare in culo, stai tranquillo. Ci siamo consultati e abbiamo deciso che questa zona è troppo importante per farla diventare come la Bosnia con una guerra contro quei selvaggi. Cosí ti tocca fare l'infame. Mi dispiace, ma è andata cosí... tocca a te.

– Minchia...
– È già tutto combinato e c'è pure il magistra-
to giusto.
– Minchia sicca...
– In gamba, Totò. Ti mando i babà del mio pae-
se, appena ti senti meglio...

Consiglio Superiore della Magistratura.
OGGETTO: segnalazione alla Direzione Investi-
gativa Antimafia per avvio indagini su presunta
collusione mafiosa.

[*stralcio*]... pertanto si ritiene che la dichiarazione fatta dal pentito di cui omettiamo il nome, ri-
servandoci di rimetterlo agli atti, sia da conside-
rarsi affidabile e degna di approfondimento. L'ipo-
tesi che nella Procura di Bologna e paradossalmente
proprio nella Direzione Distrettuale Antimafia
operi di concerto con la criminalità organizzata un
sostituto procuratore non ancora identificato appare circostanziata e probabile alla luce di alcuni
eventi recentemente verificatisi. Si consiglia al Procuratore Capo di condurre personalmente le indagini...

*Procura della Repubblica di Bologna – Direzione
Distrettuale Antimafia*
OGGETTO: avvio indagini su presunta collusione
mafiosa all'interno della D. D. A. di Bologna.

[*stralcio*]... pertanto si ritiene che la conduzione
diretta delle indagini da parte del Procuratore Capo apparirebbe sospetta e non efficace al fine del
buon andamento dell'inchiesta. Si intende quindi, salvo gravi pregiudiziali contrarie, affidare le

indagini a un giovane e brillante magistrato che ha già mostrato grande professionalità e slancio investigativo, nonché specchiate qualità morali: il sost. proc. dott. Stefania Longhi...

Capitolo xv.

– Non l'ha bevuta.
– Porco zio, Nikita... e perché no, cazzo?
Nikita allarga le braccia, facendo cigolare le porte della cabina a cui sta appoggiando la schiena. Deve essere l'unica cabina di tutto il Parco Nord con ancora le porte intatte e soprattutto il telefono funzionante. Ho sempre odiato quelle minchie di cellulari, ma adesso uno mi avrebbe fatto comodo. Abbiamo girato tutto il quartiere per trovare una cabina giusta, abbastanza appartata ma abbastanza vicina alla strada da poter vedere la macchina. Non tanto per la Clio, che non me ne frega un cazzo, quanto per Codino, che sta chiuso nel baule, acciambellato come un pitone.
– Gli hai detto quello che ti avevo detto io?
– Vaffanculo, Coliandro, non sono scema. Certo che gliel'ho detto...
Da quando gli ho messo la pistola sotto il mento, Codino non ha piú detto una parola e di quello che ci è successo finora, del perché e del percome, io e Nikita ne sappiamo quanto prima, cioè una sega. Ma non importa, o almeno, non importa a me... importerà al magistrato a cui lo voglio portare, cioè Malerba. E qui, due problemi: Nikita e, per l'appunto, il piemme. Appena ha

sentito parlare di magistratura Nikita ha cominciato a urlare e ha detto che piuttosto gli spara-
va lei a Codino e lo lasciava in un fosso, ma lo sapeva benissimo che non serviva a un cazzo, perché non è che morto Codino finisce tutto. E
quando gli ha detto che voleva solo sapere di chi
erano soldi e dischetto per ridarglieli, Codino l'ha
guardata con un sorriso cosí cattivo che lei gli ha
mollato una sberla, d'istinto, e poi si è messa a
piangere. Cosí si è convinta anche lei che l'unica
è dare tutto in mano a chi ha piú mezzi e piú testa di noi per mettere a posto il casino e cioè un
magistrato... anche se quando lo ha detto, lo ha
detto molto in fretta e con quel tono un po' troppo gentile che quando lo sento, ormai, mi suona
strano. A quel punto, però, secondo problema: il
magistrato. Con la troia in calze nere al tribunale, io mi fido solo di Malerba. Ma Malerba, dove cazzo è, visto che sta fuori in missione? Cosí
ho avuto l'idea... far chiamare il Nucleo scorte
da Nikita, farle dire che è la Zeani, la poliziotta
che sta con Malerba a proteggerlo e che ha bisogno del numero di cellulare del suo piemme perché per un qualche cazzo è lontana da lui e non
sa come comunicare.
   – Era un piano del cazzo, come tutti quelli che
fai tu, ma ha funzionato... sarà per il finto accento toscano, o perché ho detto il suo nome, ma il
sovrintendente c'è cascato come una pera.
   – E allora? Dov'è il problema? Ti ha fatto un
cazziatone perché ti eri allontanata dal magistrato e ti sei incasinata...
   – No, non gliene fregava un cazzo del magistrato... è che mi ha chiesto delle cose sulla diaria,
perché visto che eravamo rientrati lunedí c'era una

storia di minimi sindacali e allora sí che mi sono
incasinata.

Nikita incrocia le braccia sul petto, soffiando
tra le labbra, e io alzo gli occhi al cielo, perché
adesso come cazzo lo troviamo il numero di un sostituto procuratore antimafia ultraprotetto che
non sarà certo sull'elenco del telefono... Barcollo,
faccio due passi all'indietro per non cadere sotto
la spinta che Nikita mi tira all'improvviso.

– Ma che coglioni! Tutti e due, cazzo... coglioni! Se questa tizia gli fa da scorta, al magistrato,
e se è rientrata da lunedí, allora vuol dire che anche lui è a Bologna da lunedí!

Porca puttana... non ci avevo pensato. Malerba
è a Bologna, cazzo... in Tribunale! Basta fare il 12
e chiamarlo, minchia, senza problema.

Nikita entra nella cabina, spalancando le porte.
Non fanno in tempo a cigolare una volta che è di
nuovo mezza fuori, con un lampo negli occhi.

– Merda. Questo cazzo di telefono si è inculato
la scheda!

Polizia di Stato – Questura di Bologna.
OGGETTO: *intercettazione telefonica n. 12 nei confronti di Malerba dott. Giovanni presso suo ufficio Procura.*
Autorizzazione sost. proc. dott. Longhi (incarico riservato).
Da trasmettersi immediatamente al sostituto procuratore Longhi.

– Ufficio del dottor Malerba... un momento che glielo passo.

– Sono Malerba, chi parla?

– Malerba, cristo, finalmente, non ci posso credere, cazzo, mi scusi, volevo dire, cioè, noi siamo qui e adesso che abbiamo preso Codino...

– Un momento, un momento... non ho capito niente. Ricominciamo dall'inizio: lei chi è?

– Ha ragione, cazzo... cioè, mi scusi... mi chiamo Coliandro, sono un sovrintendente di polizia, lei non si ricorderà, ma...

– Mi ricordo, invece, mi ricordo benissimo. E la conosco, Coliandro, so tutto di quello che le sta succedendo...

– Non l'ho ammazzato io il ragioniere! Io non c'entro niente! Nikita è venuta con i soldi e il dischetto e allora noi...

– Lo so, lo so... lei non c'entra niente in questa storia, lo so. No, aspetti, non parli... parlo io. Sta succedendo un casino qui in Procura e lei e la ragazza ne siete le vittime. Allora ascolti: non faccia niente, non si muova. Mi dica dov'è che vengo a prenderla io.

– Siamo al Parco Nord, alla cabina dietro il bar che sta sulla strada, dopo il distributore... dove ci stanno gli zingari, ha presente?

– No, ma lo trovo, stia tranquillo. Coliandro... non si muova di lí. Adesso vengo a prenderla io e le garantisco che risolviamo la questione in un momento.

– Minchia... mi scusi, volevo dire... io lo sapevo che lei è in gamba e lo diceva sempre anche papà, giuro, diceva, quel magistratino è uno con le palle e...

– Lasci perdere, Coliandro, non c'è tempo. Arrivo.

Capitolo XVI.

– Respira ancora? Senti se respira, io non lo sento piú...

Busso sul bagagliaio della Clio perché è un pezzo che Codino non si muove e non vorrei che mi fosse morto proprio adesso che sta arrivando il sostituto proc. Codino non risponde, ma non mi arrischio ad aprire perché quel figlio di puttana, l'ho già visto, è piú pericoloso di Van Damme e Terminator Due, bestiale, messi assieme. Nikita appoggia l'orecchio alla lamiera del bagagliaio e mi fa segno di stare fermo, poi alza la testa e annuisce.

– Ha tossito. Piano, per non farsi sentire, ma ha tossito. Lo stronzo sta benone.

Entriamo in macchina, perché sul viale sono arrivati due viados con la faccia di Madonna e le gambe di Totò Schillaci e guardano brutto Nikita, fuori zona e per giunta donna. Sto pensando se sia il caso di spostarsi nello spiazzo dietro la cabina, tra un furgone e il muro di una casa abbandonata, ma lascio perdere. Malerba potrebbe non vederci e tirare dritto. E poi, di' che vengano a rompere il cazzo e gli infilo la Grizzly tra le tette al silicone, minchia.

Nikita si sta stirando, le braccia tese che mi passano davanti alla faccia e un mmmmm lun-

ghissimo, tutto di naso. Si abbandona sul sedile
con un sospiro e mi guarda, morbida e quasi lan-
guida.

– Dici che è finita davvero? – mi chiede e nel
tono con cui lo fa c'è già la risposta che vuole sentire.

– Sí, – le dico, annuendo deciso. – Tranquilla,
bambina... è finita.

Ha una mano appoggiata a un ginocchio, le dita aperte sulla rete delle calze, e io vorrei pren-
dergliela, però, merda, non ho il coraggio. Allungo il braccio e mi fermo a metà strada, sul cambio,
tamburellando con le dita sul pomello, per vedere
cosa fa lei. Non si muove, cosí tiro indietro il braccio, come se scivolassi, e le sfioro il dorso della mano. Lei la volta e mi blocca, intrecciando le dita
con le mie. Minchia. Giro il mento su una spalla e
la guardo, carina, gli occhi chiusi, la nuca appoggiata al poggiatesta e le labbra socchiuse. Sembra
che dorma, ma mi stringe la mano cosí forte che
comincio ad avere le dita fredde. Che faccio, devo baciarla? O è meglio che dico qualcosa? La bacio... no, dico qualcosa.

– Senti, Nikita... Simona. Quando sarà finito
tutto e Malerba avrà sistemato le cose, io... io vorrei vederti ancora. Ci siamo sempre incontrati cosí, in un casino e io vorrei... che ci conoscessimo
meglio. Ti va?

– No.

– No?

– No, perché lo so cos'hai in testa tu... e non è
possibile. Lo abbiamo già visto una volta che non
funziona. Intanto tu non sei il mio tipo, non c'è
quella cosa che... insomma, non mi piaci. E non ti
piaccio neanch'io... è solo perché non hai una don-

na che ti attacchi a me, ma se l'avessi mi avresti
già dimenticata...

– No, no, no... guarda che hai capito male... io
volevo dire un'altra cosa, intendevo come amici...

Cerco di lasciarle la mano ma lei mi trattiene.
Continua a parlare, sempre con gli occhi chiusi.

– E poi... – dice, – poi c'è Massimo.

– Oh sí, il frocetto... – dico io, cattivo, e lei sorride.

– Vedi che avevo capito bene?

Merda.

– Io non lo so se è lui quello giusto, però... con
Massimo ci sto bene, quasi sempre e poi... aspetto un bambino.

Mollo la mano, come se scottasse, e lei resta con
le dita aperte sulla rete del ginocchio, come le zampe di un ragno messo di schiena su una ragnatela.
Apre gli occhi e mi guarda.

– Non ho detto che sono sieropositiva, ho detto che sono incinta, – mormora.

– Scusa... è che... cazzo!

Restiamo in silenzio per un po', mentre seguo
nello specchietto retrovisore i movimenti di un via-
do che gira dietro la nostra macchina, cercando di
guardarci dentro. Accosta un Mercedes e il fro-
cione si toglie dal cazzo, sculettandogli incontro.

– Cosí ti sposi, – dico io, un po' roco.

– Ma no, che c'entra... non so neanche se lo tengo, alla fine... e poi chissà cosa vuol fare lui quando torna dalla guida. Però, per adesso, sapere di
averlo è una cosa che ci avvicina. Mi capisci?

Mi stringo nelle spalle, facendo sporgere la ma-
scella, e mi sistemo meglio la pistola alla cintura.

– Certo che ti capisco... – dico, – sei tu che mi
hai frainteso. Io intendevo essere amici, davvero,

amici e basta. Cazzo hai capito... comunque, non è il momento per certi discorsi. Abbiamo ancora un lavoro da finire. Dove minchia è finito il magistrato?

Arriva, il magistrato. C'è un BMW che si avvicina, davanti a noi, e lampeggia con gli abbaglianti finché non si ferma accanto al marciapiede, a una decina di metri dalla Clio. Io socchiudo gli occhi, perché Malerba guida proprio come un magistrato abituato all'autista e cioè ha strisciato con le gomme contro il marciapiede e ha lasciato accesi gli abbaglianti. Ma nell'alzare lo sguardo, lancio per caso un'occhiata allo specchietto retrovisore e... c'è qualcosa che non va. La Mercedes è sempre ferma dietro di noi, ma i viados, merda, quelli sono spariti.

– Aspetta un momento... – mormoro, mettendo una mano sulla pistola, poi faccio un salto sul sedile perché Nikita urla: – Coliandro! – con una voce strozzata che chiude la gola anche a me. Faccio appena in tempo a voltarmi per vedere un tizio mezzo dentro il finestrino che l'ha presa per il collo e ho già la pistola in mano per fargli saltare la testa, al bastardo, quando qualcuno mi prende per le spalle e mi tira fuori dalla macchina, merda. Striscio con la schiena sull'asfalto della strada e anche se mi rivolto come un gatto non riesco a tirarmi in piedi, perché mi becco una ginocchiata nelle costole che mi accartoccia contro la fiancata della macchina. Poi mi trovo sdraiato sul cofano, la testa piegata all'indietro e una pistola premuta su un occhio che mi fa un male caino. Con l'altro, spalancato su un cielo di stelline dolorose, vedo lo stronzo con i baffi, quello della coltellata. Merda.

Baffino mi tira su e io, docile come un agnellino, obbedisco, con le mani in alto. Nikita piange, in ginocchio per terra, anche se sembra che non le abbiano fatto nulla. Sta peggio Codino, che è appena uscito dal bagagliaio, si massaggia le reni con una smorfia e fa fatica a stare dritto. Mi chiedo come cazzo abbia fatto quella troia della Longhi a sapere che eravamo qui e quando dal BMW spengono gli abbaglianti mi volto verso di lei, perché almeno la voglio vedere in faccia quella rottincula e se posso gli sputo anche, brutta puttana d'una vacca maiala, e mi guarda da dietro il parabrezza, mi fissa, con uno sguardo strano... solo che non è la Longhi. È Malerba. Cazzo.

Un secondo dopo Codino mi viene davanti e con uno scrocchio netto di ossa anchilosate mi tira un calcio nelle palle che mi manda secco per terra.

– Sono il sostituto procuratore della Repubblica di Bologna Stefania Longhi, sono le ore 18:00 del 22 aprile 1994 e questa è la registrazione della dichiarazione spontanea resa da Literno Salvatore, detto Totò U'Tizzune, nella sua camera presso l'Ospedale Civile di Modena. Presenti come testimoni il sovrintendente Pasquarella e il vice-commissario Matrone. Lei conferma, signor Literno.

– E come no...

– Dica sí o no, per favore...

– Sí, confermo, sí...

– Signor Literno, lei mi ha fatto comunicare che intende collaborare con la giustizia riguardo ai suoi rapporti con la criminalità organizzata. È cosí?

– E come no... cioè, mi scusi, sí, è cosí. Voglio dirvi tutto sulla cosca del Pilastro e iddu curnutu du Mazzarà.

– Signor Literno, le mie informazioni la indicano come appartenente alla famiglia del boss catanese Vittorio...

– Non lo conosco, mai conosciuto nessuno che si chiama Vittorio, lo giuro sull'anima mia.

– Signor Literno...

– Signora procuratora, lei è molto bella, ma io mi chiedo se è anche molto intelligente... perché vorrei che mi capisse bene che io ci posso mettere in mano tutta la cosca della Barca, iddu curnutu e tutti i suoi fetusi e pure un suo collega dell'antimafia e le faccio fare un colpo cosí grosso che la fanno anche Ministro della Giustizia. Ma se mi chiede di questo don Vittorio, che io non conosco, allora io non ci sto piú. Che dice, procuratora, ce le facciamo prima due chiacchiere in confidenza sulle domande giuste o vuole che dico subito nel registratore che sto male e non mi ricordo piú niente?

– No. Matrone, spenga il registratore. E vada fuori a prendersi un caffè con il sovrintendente, per favore.

Capitolo XVII.

Mi fanno male le palle. E ho voglia di vomitare. E non so dove cazzo sono, perché è buio. No, non è buio, ho una benda sugli occhi, stretta, perché non riesco ad alzare le palpebre. Il ronzio che sento mi fa pensare che sono in macchina. L'odore che ho accanto mi fa pensare che sono con Nikita. Quello dall'altra parte, che c'è qualcuno che di solito fuma il sigaro.

– Perché devo venire anch'io?

La voce è quella di Malerba, l'uomo che di solito fuma il sigaro.

– Perché sí. Perché sei strano in questi ultimi tempi e voglio che ti riprendi. Tieni, questa è la migliore che c'è.

La voce è quella di Codino, l'uomo piú stronzo del mondo, che dovrebbe essere seduto nel sedile davanti. Accanto a me sento un risucchio di naso, con un mezzo starnuto.

– Cazzo... è buona sí. Ma perché devo venire anch'io?

– Figlio di puttana... – mormoro e ciock!, uno schiaffone mi gira la faccia contro il sedile. A giudicare da dove è arrivato o me lo ha dato Nikita o me lo ha dato Codino. Direi Codino.

– Lei non capisce... – dice Malerba e io ripeto: – Figlio di puttana –. Ciock!, altro schiaffone.

– Sta' zitto, Coliandro, per favore... – geme
Nikita.

– Lei non capisce, sovrintendente... come glielo spiego? Lei non capisce... – bela il magistrato,
e sembra quasi che pianga.

– La foto sul «Carlino», – dico io, – quel ragazzo
che le è morto tra le braccia, cazzo, e lei che piange...

Trattengo il fiato perché mi aspetto un altro
schiaffo. Non arriva? No, no, arriva... ciock!

– Ma non capisce? E proprio quello, quel ragazzo... porca miseria, sovrintendente, come si fa?
Io ero protetto, sorvegliato a vista come la Banca
d'Italia, cristo, credevo che mi potessero ammazzare solo con una bomba sull'autostrada e una
bomba sull'autostrada cos'è? Una fiammata, un
cratere e ciao... un altro eroe. Ma quel giorno, cristo, sovrintendente... quel giorno hanno sparato
da settecento metri e hanno preso quel ragazzo
proprio nell'inguine, sotto la placca di protezione
del giubbotto antiproiettile! La punta di rame della pallottola gli ha reciso l'arteria femorale e mi è
morto dissanguato tra le braccia in meno di un minuto! Porca puttana, sovrintendente, se ne rende
conto?

– La foto sul «Carlino»... lei che piangeva... cazzo, lei piangeva di rabbia!

Arriva? No, stavolta no. Col cazzo... eccolo:
ciock!

– Certo che piangevo, ma piangevo di paura!
Avevo la morte in braccio, sovrintendente, la mia,
perché avevano sparato a lui per sparare a me!

Urla e urlo anch'io e non me ne frega un cazzo
se mi becco un altro schiaffone.

– È venuto al funerale del babbo! Papà è saltato per aria col giudice Micalis, a Palermo, e non toccava neanche a lui il turno di scorta ma c'era un collega che si sposava! E non era un altro eroe, mio padre, era solo mio babbo che è morto!

Piango, ecco, lo sento dalle lacrime sotto la benda. Merda. Piango anche perché come al solito è tutta colpa mia... Dovevo pensarci, dovevo fare i conti quando Nikita mi ha detto che Malerba era rientrato da lunedí. Lunedí è proprio il giorno che sono andato a raccontare tutto alla Longhi, che sarà una troia ma è onesta e ha solo riferito quello che sapeva al legittimo titolare dell'ufficio, che ce l'ha messa nel culo. Piange anche Malerba, una specie di uggiolio da cane bastonato, e intanto mormora: – Avevo paura, cristo, e cosí ho cominciato a sniffare e poi sono arrivati loro a chiedermi di coprire una cosa e poi un'altra e io avevo paura... – Un uggiolio continuo, che si spegne per un momento in un risucchio sottile.

– Vacci piano con quella roba, – dice Codino, tranquillo, – ti brucia il cervello. E piantala di dire cazzate, adesso sei con noi. Voglio che guardi, questa sera, e che impari cosa succede quando si sgarra.

E ciock! al sottoscritto. Che non c'entra un cazzo.

Capitolo XVIII.

C'è odore di farina, di pomodoro e di bruciato. Muovo le dita e sento qualcosa di freddo e liscio sotto i polpastrelli, poi allargo le braccia e mi accorgo che non sono legato. Porto le mani alla faccia ma un cazzotto nello stomaco mi blocca.

– Ben tornato, – dice qualcuno. – Puoi toglierti la benda.

Grazie al cazzo... è proprio quello che stavo per fare. Spalanco gli occhi e vedo che sono in una cucina, la cucina di una pizzeria, come pare dal forno che luccica sotto il velo che mi appanna gli occhi. Sembra uno di quei vecchi film in bianco e nero, quando ci sono le scene dei sogni, con i bordi sfocati che oscillano. Se è un sogno, però, è proprio un sogno di merda. Nikita è in piedi contro il muro, gli occhi rossi e le guance rigate di lacrime, io sono seduto su un tavolo, la schiena appoggiata al forno, e in mezzo a noi c'è Codino, la pistola infilata nella cintura. Da un lato della stanza, seduto su una sedia, le braccia legate allo schienale, c'è un ragazzo con un maglione nero e un paio di jeans tutti tagliati. Ha il mento appoggiato sul petto e non riesco a vederlo in faccia, nascosta da una massa di capelli dritti che si alzano e si abbassano ogni volta che respira, lentamente, come se dormisse. Dall'altro lato, seduto sul bancone del bar, i piedi che dondolano

contro il legno e la mia Grizzly in mano, c'è quello
stronzo di Baffino. Accanto a lui, Malerba sta rac-
cogliendo col dito dal piano lucido di ottone alcuni
granelli di farina, se li strofina sotto le labbra, poi
tira su col naso, gli occhi che gli luccicano. Mi sa
che quella non è proprio farina.

– Perché devo starci anch'io ? – dice Malerba. –
Perché ?

Codino lo guarda male e si mette un dito davanti
al naso, sibilando sssttt. Si avvicina a me, la faccia quasi attaccata alla mia, il naso a becco che mi
sfiora.

– Dove sono i soldi e il dischetto ? – dice, scan-
dendo le parole e fissandomi dritto negli occhi.

– Non lo so, – dico io, con un filo di voce.

– Perché non posso andare via ? – dice Malerba.
– Perché devo restare qui anch'io ?

– Sta' zitto. Dove sono... i soldi... e... il dischetto ?

Clint Eastwood, bestiale, direbbe non... lo...
so... con la stessa cadenza e si beccherebbe un altro cazzotto. Io non ne ho il coraggio, cosí sorrido e dico: – Mah... – stringendomi nelle spalle.
Codino mi fissa per un sacco di tempo, tanto, merda, poi si alza.

– Questo non parla, – dice, scuotendo la testa.
Come avrà fatto a pensarlo non lo so, perché io mi
sto cagando addosso e se lo sapevo giuro che glielo dicevo subito dove stavano i soldi... Merda, se
si parla di schiaffoni due o tre mi sa che li reggo,
ma quando va nella tortura tipo coltelli negli occhi o nell'ombelico o, minchia, piú sotto, io no, eh
no, merda... Ma qui, anche se volessi, che cazzo
gli dico ?

– Io vado via... – miagola Malerba, ma non si

muove. Codino si avvicina a Nikita e le sorride. Alza un braccio e le asciuga una lacrima sulla guancia, poi, rapido, chiude il pugno e le tira un cazzotto nella pancia che la piega in due, facendole vuotare tutta l'aria che ha nei polmoni in un sibilo cosí acuto che mi sa lo sentono soltanto i cani.

– Ohè, testa di cazzo! – dico io, saltando giú dal tavolo, ma Codino piroetta su una gamba e mi colpisce sotto un orecchio col tallone dell'altro piede, mandandomi a sbattere contro il bancone. Lí c'è Baffino che salta giú e mi si inginocchia sulla schiena.

– Voglio andare via... – geme Malerba e lo sento tirare di nuovo, lo stronzo, come il sifone ingorgato di un cesso. Codino tira un calcio nel sedere a Nikita e me la manda addosso, poi la tira su, tenendola per i capelli. Urla, Nikita, e urlo anch'io, porca puttana, schiacciato per terra con la faccia sul pavimento, senza poter fare niente.

– Darò alla tua ragazza tante di quelle botte che avrà la faccia come una quattro stagioni, – ringhia Codino, – e allora la metterò nel forno insieme a te. Ci tieni alla tua troietta, no? Vuoi che la riduca come quel coglione di mio cugino Psycho? La lego alla sedia e mi diverto un po'... o faccio cosí?

Non la vedo, Nikita, ma sento di nuovo il suo sibilo, che finisce in un conato sforzato, di gola.

– Non lo so dove sono i soldi, merda! Non te lo posso dire!

– Mandami via, per favore, mandami via...

Altro sibilo, piú corto, con un singhiozzo risucchiato alla fine, da ossigeno che manca.

– Non lo so, porco zio, non lo so! Li ha nascosti lei! Non me lo ha detto dove li ha messi!

Silenzio. Poi il gemito di Nikita che cade a terra, col ciac ciac delle sue mani sulle piastrelle del pavimento. Vedo i camperos di Codino davanti ai miei occhi, poi le sue gambe e tutto il resto, in fretta, perché Baffino mi sta tirando su per i capelli. Codino mi guarda negli occhi, poi annuisce di nuovo.

– Ti credo, – dice, – sei uno che non sa mentire. Allora cominciamo a fare pulizia... questo non serve piú.

Sfila la pistola dalla cintura e lascia partire un colpo mentre alza il braccio, quasi senza guardare. Psycho, il ragazzo legato, rovescia la testa indietro di colpo, uno zampillo di sangue gli schizza fuori da una tempia. La sedia gli si alza sulle gambe di dietro e poi ritorna su quelle davanti, lasciandolo lí a dondolare. Nikita lancia un urlo, Malerba squittisce, acutissimo, e io sento le gambe che mi si afflosciano ma non c'è tempo, perché Codino si volta e mi indica con un cenno del mento.

– Portalo di là e ammazzalo.

Per un momento credo che stia parlando con me, visto che continua a guardarmi negli occhi, poi sento Nikita che urla nooo e perdo l'equilibrio, tirato indietro da Baffino, cosí capisco che non sta parlando con me, ma di me. Cazzo.

Volo contro una porta che si apre di schianto e mi trovo in un corridoio pieno di bottiglie vuote, in ginocchio per terra. Malerba mi passa accanto diretto verso un'altra porta che sta in fondo, a passi isterici e veloci.

– Ehi, giudice... – ringhia Baffino, – dove cazzo vai?

– Me ne vado, me ne vado! – urla Malerba, stringendo i pugni come un bambino. Io frugo tra le bottiglie, che, merda, sono tutte di plastica ti-

po acqua Panna, tutte, merda, finché non ne trovo una di vetro e mi giro, alzando il braccio.

– Fermo lí, eroe, – sibila Baffino, puntando la
pistola, – che cazzo credi di fare con quella? Quando un uomo con la bottiglia incontra un uomo con
la pistola, l'uomo con la bottiglia è un uomo morto... –

Spara, Baffino, e sarà per la frase che lo ispira
ma lo fa alla Tex Willer, tirando alla bottiglia che
mi scoppia in mano dandomi la netta impressione
che mi siano saltate via tutte le dita.

Quando una Grizzly spara in un corridoio, l'effetto, giuro, è davvero bestiale. Le orecchie mi si
tappano sul colpo con un male acuto che supera
quasi quello della mano. Sento un uggiolio lontano, dietro di me, come quello di un cane schiacciato da una macchina e vedo Baffino che guarda
sopra la mia testa, gli occhi sbarrati, mentre l'uggiolio cresce, diventa un gemito acuto e poi un urlo, uno strillo fortissimo, da animale impazzito.
Malerba mi passa davanti, sbattendomi contro il
muro, e puntando sulla porta della cucina travol-
ge anche Baffino, che barcolla e perde la pistola.
Io scivolo sul pavimento, la sfioro ma Baffino me
la spinge lontano con un piede e allora io mi alzo
in ginocchio e con tutte e due le mani, quella sana
e quella insanguinata, mi attacco alle sue palle e
stringo con tutta la forza che ho. Baffino lancia un
urlo roco e si porta le mani alla faccia, cadendo
contro il muro appena lo lascio. Volo sulla Grizzly,
camminando a quattro zampe come un gatto, la
prendo, mi giro e sparo senza guardare, anzi, chiudo gli occhi proprio, scosso dal rinculo. Appena li
riapro, Baffino sta scivolando a sedere per terra,
le braccia aperte e una striscia larga di sangue sul

muro che parte da almeno mezzo metro piú in alto, dove devo averlo sbattuto con la cannonata.
Tempo di riavere le mie orecchie e vedere che le
dita ce le ho ancora tutte, magari rotte dato il male caino che mi fanno e dietro la porta sento un
ringhio sordo, tutto di naso e una voce che urla
spaventata e che spaventa anche me, perché, la riconosco subito, è quella di Nikita.

Spalanco la porta con un calcio e punto la pistola tenendola a due mani, pollice su pollice, come insegnano al corso, ma non riesco a sparare.
Nikita è su un tavolo, rannicchiata come un feto
e si abbraccia le ginocchia, urlando. Sul pianale del
forno, curvo come una palla, c'è Malerba aggrap-
pato a Codino, piegato all'indietro, sotto di lui.
Vedo le braccia di Codino che spuntano da sotto
il corpo del giudice, le dita di una mano che si muovono per impugnare la pistola che sta scivolando
e le altre che stringono i capelli di Malerba, dietro
la nuca, e intanto c'è sempre quel ringhio nasale
che si mescola a un gorgoglio strozzato. Poi, le dita attorno alla pistola si aprono e l'altro braccio
scivola di lato. Malerba alza la testa e si volta verso di me, gli occhi spalancati e rotondi come due
palle bianche, la bocca aperta, rigata da fili di
schiuma bianca e dal sangue della gola di Codino
che gli scorre sul mento. Resta almeno un minuto
a ringhiare, il giudice, il collo teso nello sforzo, poi
sputa uno schizzo di sangue rosso e urla, porco zio,
urla.

«Il Resto del Carlino», domenica 23.04.94
COLPO DI SCOPA ALLA BARCA

Erano da poco passate le due del mattino quando l'aria ancora fresca e appena velata di nebbia del popolare quartiere Barca è stata illuminata dai lampeggianti azzurri delle auto delle forze dell'ordine. [...]

«la Repubblica», domenica 23.04.94
RAFFICA DI ARRESTI A BOLOGNA

Quasi cinquecento tra carabinieri, poliziotti e finanzieri hanno compiuto ieri mattina la piú vasta retata degli ultimi anni, conclusasi con piú di duecento arresti. Sono finiti nelle maglie della giustizia, assieme al presunto boss Michele Mazzarà e a suo fratello Alfredo, numerosi esponenti della criminalità organizzata tra Bologna, Modena, Imola e Rimini...

TG3 *Regione, 23 aprile, ore 14:30*

«Ci sono le rivelazioni di un pentito alla base del blitz di sabato mattina compiuto da polizia e carabinieri contro le famiglie mafiose che controllano il quartiere Barca, ma il sostituto procuratore Longhi, che ha brillantemente coordinato l'indagine, preferisce mantenere il riserbo.

– È ancora presto per fare nomi... l'unica cosa che posso dire è che quando si lavora con professionalità ed efficienza, in stretta collaborazione con tutte le forze dell'ordine e senza badare troppo alla pubblicità, i risultati si vedono...

Il sostituto procuratore Longhi, che sostituirà presto il dottor Malerba, dimessosi dal pool antimafia bolognese per ragioni di salute, non ha voluto fare dichiarazioni neppure riguardo a una sua eventuale candidatura alle prossime elezioni». [...]

«Sabato Sera – Settimanale del Comprensorio Imolese»
GRAVE INCIDENTE OCCORSO A UN NOSTRO COLLABORATORE

Frattura della gamba e del braccio e dell'indice della mano sinistra per Carlo Lucarelli, caduto dalle scale di casa nei giorni scorsi.

– Lo so che sono soltanto tre gradini e che sotto c'è il prato, – dice Lucarelli dal suo letto all'Ospedale Nuovo di Imola, – ma si vede che sono caduto male. Avrò battuto la testa perché non mi ricordo niente. Non fatemi altre domande. Sono caduto per le scale e basta.

A Lucarelli va l'augurio di una pronta guarigione da parte di tutta la redazione.

Capitolo XIX.

– Esente da servizio, con abnegazione e supremo sprezzo del pericolo...

Esente da servizio... Iniziano tutti cosí gli encomi. Se la gente ne leggesse qualcuno penserebbe che i poliziotti non fanno un cazzo durante le ore di lavoro ma solo quando sono a casa... Comunque, dato che l'encomio è il mio e che in effetti, in quanto latitante, ero esente da servizio, me ne frego e me lo prendo come viene, con stretta di mano del Prefetto, banda della polizia e giacca dell'uniforme che fa un caldo della madonna e mi va anche stretta, merda.

Nel cortile della Questura, finito tutto il casino, lascio assieme ai parenti di Lecce la mamma che si è commossa e mi defilo dentro un portone, per slacciarmi la giacca e togliermi questa minchia di berretto che mi ha già fatto venire mal di testa. Invece un cazzo, perché c'è la Longhi che mi prende per un braccio e mi sbatte davanti alla telecamera del TG3 e mi si struscia addosso, gentile e sorridente, come se mi volesse scopare. Solo finché c'è la telecamera, però, perché appena si spegne la lucina e Paola Rubbi mette giú il microfono, la troia mi molla e mi guarda come al solito, vale a dire come se fossi una merda.

– Cosí, l'hanno fatta ispettore... – dice, tanto per dire qualcosa.

– Già, – dico, tanto per dire qualcosa anch'io.

– Be', se lo è meritato... senza il suo intervento non avremmo mai recuperato il floppy con tutta l'organizzazione di riciclaggio della cosca Mazzarà. I depistaggi e gli insabbiamenti compiuti da Malerba in questi anni avevano bloccato tutte le indagini. Sí, c'erano dei sospetti, ma chi pensava proprio a lui?

– Lei no di certo, visto che è andata subito a raccontargli tutto quello che le avevo detto.

Stringe le palpebre, fissandomi con quel riflesso verde che sembra bucare gli occhiali.

– Ho fatto di piú... – dice, – ho creduto subito a Malerba quando mi ha suggerito che il proiettile nella testa del ragioniere fosse della sua pistola e l'ho fatta arrestare prima della perizia, che lui poi avrebbe contraffatto. Ma se parliamo di errori... – Ancora quel lampo verde verde, dietro il riflesso bianco del sole sulle lenti. – Posso farle una domanda, ispettore?

– Prego...

– Lei quanto ha capito di tutta questa storia?

Un cazzo. Ma non lo dico, dico: – Poco, – stringendomi nelle spalle. È come se mi fosse passato tutto sulla testa, mentre afferravo quello che potevo per salvarmi la pelle.

– Ecco. Allora si limiti alla sua parte e lasci il resto del lavoro a chi è istituzionalmente preposto.

Sorride, la troia, e si allontana. Istituzionalmente preposto, penso, e le guardo il culo che ondeggia sotto la sottana stretta, mentre mi chiedo che cazzo vuol dire.

– Oh, adesso sei davvero l'ispettore Callaghan...

È vestita quasi da donna, Nikita, senza anfibi
e calze a rete, un vestito intero, un po' corto, che
continua a tirarsi giú, lisciandolo sulle gambe.
Sorrido, ma solo per un istante, perché di fianco, attaccato al braccio come una borsetta, ha un
pistolone lungo con la faccia da sfigato, gli occhialini tondi e un gilet indiano. Anche se non
parla, mi immagino già che ha la erre moscia, il
frocetto.

– Non ti ho visto, – dico e lei abbassa la testa,
sollevando le spalle.

– Ero dietro –. Scava la ghiaia con la punta di
una scarpa e io mi accorgo che si è messa anche i
tacchi. – Stai bene con l'uniforme, – dice.

– Davvero?

– No... fai ridere. Vabbè, ma tanto non la metti mai. Cosí ti hanno promosso...

– Già... e trasferito. Non sto piú allo spaccio,
adesso, lavoro con le auto...

– Bellissimo...

Oh sí, è quello che ho detto anch'io quando il
Questore mi ha comunicato che visto che ero
l'eroe del momento non mi poteva trasferire a Ca-
tanzaro. Cazzo, ho pensato, di nuovo sulle volanti! Sí, volanti una sega... Autoparco, sezione pez-
zi di ricambio, merda...

– Be', – dice Nikita, – allora io ti saluto...

– Sí, – dico, – ci vediamo...

Sospira, tirandosi giú la gonna, mormora: – Dio
che noia questo vestito, – poi incrocia le braccia,
sospira di nuovo e si volta verso il frocetto.

– Massimo... vai a fare un giro per favore.

Torna a guardarmi, apre la bocca per parlare ma
non riesce a dire niente. Stringe le labbra e comincia a mordersi l'interno della guancia. Io mi

tolgo il berretto e lo faccio girare un po' attorno al dito. Non so neanch'io cosa dire... vorrei dirle un sacco di cose, ma è un caldo della madonna, la giacca mi tira, il frocetto ci guarda male e lei, Nikita, sta lontana di almeno due passi e se allungo la mano non riesco neppure a toccarla. Cosí prendo al volo il cappello, che mi è volato via dal dito e me lo rimetto in testa.

– Come lo chiami il bambino? – le chiedo e si capisce benissimo che è solo per cambiare discorso.

– Non so neanche se lo tengo... ma forse lo tengo. Boh...

Il frocetto smania e Nikita annuisce. Vorrei toccarla ma lei ha già fatto un altro passo indietro.

– Ciao, – dice.

– Ciao, – dico. – Torna a cercarmi quando ti rimetti nei guai.

– Sei matto... la prossima volta vado dai carabinieri.

– Vai che il froce... cioè, vai che Massimo ti aspetta.

– Sembra una scena di *Casablanca*.

– Non l'ho visto... cos'è, con Chuck Norris?

– No, con Van Damme.

– Oh, allora stasera lo prendo in cassetta.

Ride, un po' acuta, e si avvicina al pistolone, prendendolo per la mano. Fa qualche passo con lui verso la gente che si affolla sulla porta del cortile ma all'improvviso si ferma, torna indietro, si alza sulle punte dei piedi e mi dà un bacio, rapido, sulle labbra.

– Ciao, ispettore Callaghan, – mi dice, e poi: – Che noia questa gonna... – e lo ripete, con la voce che le trema un po': – Dio, che noia... – lisciandosi la stoffa sulle gambe. Finché non scompare tra la gente e non la vedo piú.

Merda.

Indice

p. 5   Capitolo I
17   Capitolo II
27   Capitolo III
33   Capitolo IV
43   Capitolo V
51   Capitolo VI
59   Capitolo VII
69   Capitolo VIII
79   Capitolo IX
83   Capitolo X
95   Capitolo XI
103   Capitolo XII
117   Capitolo XIII
127   Capitolo XIV
135   Capitolo XV
141   Capitolo XVI
117   Capitolo XIII
149   Capitolo XVII
153   Capitolo XVIII
149   Capitolo XVII
153   Capitolo XVIII
161   Capitolo XIX

Stampato per conto della Casa editrice Einaudi
presso Mondadori Printing S.p.A., Stabilimento NSM, Cles (Trento)

C.L. 14861

Edizione   Anno

6   7   8   9   10   11   2001   2002   2003   2004